Kuzhina e Ëmbëlsirave

Receta të Larmishme për Torta dhe Keksa të Shijshme

Adea Gjergji

Tabela e Përmbajtjes

Krem me çokollatë të zier 12

Mbushje me çokollatë-kokos 12

Fudge mbushje 14

Mbushje me krem djathi i embel 14

Velvet Frosting Amerikan 15

Frosting me gjalpë 15

Frosting me karamel 16

Limon Frosting 16

Frosting me gjalpë kafeje 17

Zonja Baltimore Frosting 18

Bryma e bardhë 19

Brymë e bardhë kremoze 19

Fluffy White Frosting 20

Frosting me sheqer të kaftë 21

Frosting me gjalpë vanilje 22

Krem vanilje 23

Mbushje me krem 24

Mbushja e kremës daneze 25

Mbushje me krem të pasur daneze 26

Crème Patissière 27

Mbushje me krem me xhenxhefil 28

Mbushje me limon 29

Glaze çokollate 30

Glaze për kek frutash 31

Glaze me torte me portokall	31
Sheshe beze bajamesh	32
Engjëlli Drops	33
Feta bajame	34
Tartlets Bakewell	35
Ëmbëlsira me flutura me çokollatë	36
Ëmbëlsira me kokos	37
Cupcake të ëmbla	38
Ëmbëlsira me pika kafeje	39
Eccles Cakes	40
Ëmbëlsira zanash	41
Ëmbëlsira zanash me akull me pendë	42
Fantazitë gjenoveze	43
Makaronat me bajame	44
Makaronat e kokosit	45
Makaronat e gëlqeres	46
Makaronat Oaty	47
Madeleines	48
Ëmbëlsira marzipan	49
Kiflet	50
Kiflet me mollë	51
Kifle me banane	52
Kifle me rrush pa fara të zeza	53
Kifle me boronica amerikane	54
Kifle me qershi	55
Kifle me çokollatë	56
Kifle me çokollatë	57

Kifle me kanellë 58
Kifle me miell misri 59
Kifle me fiku integral 60
Kifle me fruta dhe krunde 61
Kiflet e tërshërës 62
Kifle me fruta me bollgur 63
Kifle portokalli 64
Kifle Pjeshke 65
Kifle me gjalpë kikiriku 66
Kifle ananasi 67
Kifle me mjedër 68
Kifle me mjedër dhe limon 69
Kifle Sulltaneshe 70
Kifle me brekë 71
Kifle me drekë dhe tërshërë 72
Tërshëra të thekura 73
Omeleta me sfungjer luleshtrydhe 74
Ëmbëlsira me mente 75
Ëmbëlsira me rrush të thatë 76
Kaçurrela me rrush të thatë 77
Bukë me mjedër 78
Ëmbëlsira me oriz kafe dhe luledielli 79
Ëmbëlsira me gurë 80
Ëmbëlsira me gurë pa sheqer 81
Ëmbëlsira me shafran 82
Rum Baba 83
Ëmbëlsira me top sfungjeri 85

Pandispa me çokollatë	86
Topat e borës së verës	88
Pika sfungjeri	89
Meringat bazë	90
Meringë bajamesh	91
Biskota me beze me bajame spanjolle	92
Shporta Cuite Meringe	93
Patate të skuqura bajamesh	94
Meringë spanjolle me bajame dhe limon	95
Meringa të mbuluara me çokollatë	96
Meringa me nenexhik me çokollatë	97
Meringa me çokollatë dhe arra	97
Meringat e lajthisë	98
Torte me shtrese beze me arra	99
Feta makarona lajthie	101
Shtresa e Meringes dhe Arres	102
Malet e Meringut	104
Meringa me krem me mjedër	105
Ëmbëlsira Ratafia	106
Karamel Vacherin	107
Scones thjeshtë	108
Këpucë të pasura me vezë	109
Scones Apple	110
Skonat e mollës dhe kokosit	111
Mollë dhe Date Scones	112
Scones elbi	113
Date Scones	114

Herby Scones	115
Bukë e thekrës bavareze	116
Bukë e lehtë thekre	117
Bukë thekre me mikrob gruri	119
Sally Lunn	120
Bukë Samos	121
Baps susam	122
Fillues i brumit të thartë	123
Bukë sode	124
Bukë e thartë	125
Simite me brum	126
Bukë e Vjenës	127
Bukë integrale	128
Bukë me mjaltë integrale	129
Roleta të shpejta me miell integral	130
Bukë integrale me arra	131
Gërshete bajame	132
Brioches	134
Briosh me gërsheta	135
Brioches Apple	136
Brioches Tofu dhe Nut	138
Buns Chelsea	140
Bukë kafeje	142
Bukë Creme Fraîche	143
Kroasanët	144
Kroasantë Sulltaneshë me miell integral	146
Rrumbullakët e pyllit	148

Nutty Twist 149
Simite portokalli 151
Çokollatë me dhimbje 153
Pandolce 155
Panetone 157
Bukë mollë dhe hurma 158
Bukë mollë dhe sulltaneshë 159
Surpriza me mollë dhe kanellë 160
Bukë çaji me kajsi 162
Bukë me kajsi dhe portokalli 163
Bukë me kajsi dhe arra 164
Kurora e vjeshtës 165
Bukë bananeje 167
Bukë banane me miell integral 168
Bukë me banane dhe arra 169
Bara Brith 170
Simite banjoje 171
Bukë me qershi dhe mjaltë 172
Rolls kanelle dhe arrëmyshk 173
Bukë me boronicë 175
Bukë hurme dhe gjalpë 176
Bukë hurme dhe banane 178
Bukë hurme dhe portokalli 179
Bukë me hurma dhe arra 180
Bukë çaji hurme 181
Bukë hurme dhe arre 182
Bukë fiku 183

Bukë fiku dhe Marsala	184
Rrotulla mjalti dhe fiku	185
Simite Kryqi Nxehte	187
Bukë kumbulle Lincolnshire	189
Simite londineze	190
Bukë irlandeze e vendit	192
Bukë malti	193
Bukë malti me krunde	194
Bukë me malt integral	195
Buka e arrave të Fredës	196
Bukë braziliane me arra dhe hurma	198
Bukë me fruta Panastan	200
Bukë kungull	202
Bukë me rrush të thatë	203
Thith me rrush të thatë	204
Bukë me raven dhe hurma	205
Bukë orizi	206
Bukë çaji me oriz dhe arra	207
Rrotulla me sheqer kaçurrelë	209
Selkirk Bannock	211
Bukë sulltaneshë dhe karobë	212
Bukë sulltaneshë dhe portokalli	213
Sulltanesha dhe Buka Sheri	215
Bukë çaji vilë	216
Ëmbëlsira çaji	218
Bukë arre	219
Bukë me shtresë arre dhe sheqer	220

Bukë arre dhe portokalli 221
Bukë Asparagus.. 222

Krem me çokollatë të zier

Bën mjaftueshëm për të mbuluar një kek 23 cm/9

275 g/10 oz/1¼ filxhan sheqer (shumë i hollë).

100 g/4 oz/1 filxhan çokollatë e thjeshtë (gjysmë e ëmbël).

50 g/2 oz/¼ filxhan kakao (çokollatë pa sheqer) pluhur

120 ml/4 ml oz/½ filxhan ujë

Lërini të gjithë përbërësit të ziejnë, duke i përzier derisa të përzihen mirë. Ziejeni në zjarr mesatar në 108°C/220°F ose kur krijohet një fije e gjatë kur tërhiqeni midis dy lugëve të çajit. Hidheni në një tas të gjerë dhe rrihni derisa të jetë e trashë dhe me shkëlqim.

Mbushje me çokollatë-kokos

Bën mjaftueshëm për të mbuluar një kek 23 cm/9

175 g/6 oz/1½ filxhan çokollatë të thjeshtë (gjysmë të ëmbël)

90 ml/6 lugë gjelle ujë të vluar

225 g/8 oz/2 gota kokos të tharë (të copëtuar).

Pure çokollatën dhe ujin në një blender ose procesor ushqimi, më pas shtoni kokosin dhe përpunoni derisa të jetë e qetë. Spërkatini mbi ëmbëlsira të thjeshta ndërsa janë ende të ngrohta.

Fudge mbushje

Bën mjaftueshëm për të mbuluar një kek 23 cm/9

50 g/2 oz/¼ filxhan gjalpë ose margarinë

45 ml/3 lugë kakao (çokollatë pa sheqer).

60 ml/4 lugë qumësht

425 g/15 oz/2½ filxhan sheqer pluhur (të ëmbëlsirave), i situr

5 ml/1 lugë esencë vanilje (ekstrakt)

Shkrini gjalpin ose margarinën në një tigan të vogël, më pas përzieni kakaon dhe qumështin. Lëreni të vlojë duke e përzier vazhdimisht dhe më pas hiqeni nga zjarri. Përzieni gradualisht sheqerin dhe esencën e vaniljes dhe rrihni derisa të bëhet një masë homogjene.

Mbushje me krem djathi i embel

Bën mjaftueshëm për të mbuluar një kek 30 cm/12

100 g/4 oz/½ filxhan krem djathi

25 g/1 oz/2 lugë gjelle gjalpë ose margarinë, e zbutur

350 g/12 oz/2 filxhanë sheqer pluhur (të ëmbëlsirave), i situr

5 ml/1 lugë esencë vanilje (ekstrakt)

30 ml/2 lugë mjaltë të pastër (opsionale)

Rrihni së bashku kremin e djathit dhe gjalpin ose margarinën derisa të bëhen të lehtë dhe me gëzof. Rrihni gradualisht sheqerin dhe esencën e vaniljes derisa të bëhet një masë homogjene. Ëmbëlsojeni me pak mjaltë nëse dëshironi.

Velvet Frosting Amerikan

Bën mjaftueshëm për të mbuluar dy ëmbëlsira 23 cm/9

175 g/6 oz/1½ filxhan çokollatë të thjeshtë (gjysmë të ëmbël)

120 ml/4 ml oz/½ filxhan krem i thartë (kosi qumështi).

5 ml/1 lugë esencë vanilje (ekstrakt)

Një majë kripë

400 g/14 oz/21/3 filxhanë sheqer pluhur (të ëmbëlsirave), i situr

Shkrini çokollatën në një enë rezistente ndaj nxehtësisë mbi një tigan me ujë të zier lehtë. E heqim nga zjarri dhe e përziejmë kremin, esencën e vaniljes dhe kripën. Gradualisht rrihni sheqerin derisa të jetë homogjen.

Frosting me gjalpë

Bën mjaftueshëm për të mbuluar një kek 23 cm/9

50 g/2 oz/¼ filxhan gjalpë ose margarinë, të zbutur

250 g/9 oz/1½ filxhan sheqer pluhur (të ëmbëlsirave), i situr

5 ml/1 lugë esencë vanilje (ekstrakt)

30 ml/2 lugë krem i vetëm (i lehtë).

Kremi gjalpin ose margarinën derisa të zbutet, më pas përzieni gradualisht sheqerin, thelbin e vaniljes dhe kremin derisa të bëhet një masë e butë dhe kremoze.

Frosting me karamel

Bën mjaftueshëm për të mbushur dhe mbuluar një kek 23 cm/9

100 g/4 oz/½ filxhan gjalpë ose margarinë

225 g/8 oz/1 filxhan sheqer kaf të butë

60 ml/4 lugë qumësht

350 g/12 oz/2 filxhanë sheqer pluhur (të ëmbëlsirave), i situr

Shkrini gjalpin ose margarinën dhe sheqerin në zjarr të ngadaltë duke i trazuar vazhdimisht derisa të përzihen. Hidhni qumështin dhe lëreni të vlojë. E heqim nga zjarri dhe e leme te ftohet. Rrihni sheqerin pluhur derisa të keni një konsistencë të përhapur.

Limon Frosting

Bën mjaftueshëm për të mbuluar një kek 23 cm/9

25 g/1 oz/2 lugë gjelle gjalpë ose margarinë

5 ml/1 lugë e vogël lëkure limoni të grirë

30 ml/2 lugë gjelle lëng limoni

250 g/9 oz/1½ filxhan sheqer pluhur (të ëmbëlsirave), i situr

Kremi së bashku gjalpin ose margarinën dhe lëkurën e limonit derisa të bëhen të lehta dhe me gëzof. Rrihni gradualisht lëngun e limonit dhe sheqerin derisa të jenë të lëmuara.

Frosting me gjalpë kafeje

Bën mjaftueshëm për të mbushur dhe mbuluar një kek 23 cm/9

1 e bardhe veze

75 g/3 oz/1/3 filxhan gjalpë ose margarinë, të zbutur

30 ml/2 lugë qumësht të nxehtë

5 ml/1 lugë esencë vanilje (ekstrakt)

15 ml/1 lugë kokrriza kafeje të menjëhershme

Një majë kripë

350 g / 12 oz / 2 gota sheqer pluhur (të ëmbëlsirave), i situr

Përzieni së bashku të bardhën e vezës, gjalpin ose margarinën, qumështin e nxehtë, esencën e vaniljes, kafen dhe kripën. Përziejeni gradualisht sheqerin pluhur derisa të jetë homogjen.

Zonja Baltimore Frosting

Bën mjaftueshëm për të mbushur dhe mbuluar një kek 23 cm/9

50 g/2 oz/1/3 filxhan rrush të thatë, të copëtuar

50 g/2 oz/¼ filxhan qershi (të sheqerosura), të copëtuara

50 g/2 oz/½ filxhan arra arra, të copëtuara

25 g/1 oz/3 lugë gjelle fiq të thatë, të copëtuar

2 te bardha veze

350 g/12 oz/1½ filxhan sheqer (shumë i hollë).

Një majë krem tartari

75 ml/5 lugë gjelle ujë të ftohtë

Një majë kripë

5 ml/1 lugë esencë vanilje (ekstrakt)

Përziejini së bashku rrushin e thatë, qershitë, arrat dhe fiqtë. Rrihni të bardhat e vezëve, sheqerin, kremin e tartarit, ujin dhe kripën në një enë rezistente ndaj nxehtësisë, të vendosur mbi një tigan me ujë të zier lehtë për rreth 5 minuta derisa të formohen maja të forta. E heqim nga zjarri dhe e rrahim esencën e vaniljes. Përziejini frutat në një të tretën e kremës dhe përdorni për të mbushur tortën, më pas shpërndajeni pjesën e mbetur sipër dhe anëve të tortës.

Bryma e bardhë

Bën mjaftueshëm për të mbuluar një kek 23 cm/9

225 g/8 oz/1 filxhan sheqer të grimcuar

1 e bardhe veze

30 ml/2 lugë gjelle ujë

15 ml/1 lugë shurup i artë (misër i lehtë).

Rrihni së bashku sheqerin, të bardhën e vezëve dhe ujin në një tas rezistent ndaj nxehtësisë, të vendosur mbi një tigan me ujë të zier lehtë. Vazhdoni të rrihni deri në 10 minuta derisa masa të trashet dhe të formojë maja të ngurtë. Hiqeni nga zjarri dhe shtoni shurupin. Vazhdoni të rrahni deri në një konsistencë të përhapur.

Brymë e bardhë kremoze

Bën mjaftueshëm për të mbushur dhe mbuluar një kek 23 cm/9

75 ml/5 lugë krem i vetëm (i lehtë).

5 ml/1 lugë esencë vanilje (ekstrakt)

75 g/3 oz/1/3 filxhan krem djathi

10 ml/2 lugë gjalpë ose margarinë të zbutur

Një majë kripë

350 g/12 oz/2 filxhanë sheqer pluhur (të ëmbëlsirave), i situr

Përziejini së bashku kremin, thelbin e vaniljes, kremin e djathit, gjalpin ose margarinën dhe kripën derisa të jenë të lëmuara. Gradualisht punojeni në sheqer pluhur derisa të jetë homogjen.

Fluffy White Frosting

Bën mjaftueshëm për të mbushur dhe mbuluar një kek 23 cm/9

2 te bardha veze

350 g/12 oz/1½ filxhan sheqer (shumë i hollë).

Një majë krem tartari

75 ml/5 lugë gjelle ujë të ftohtë

Një majë kripë

5 ml/1 lugë esencë vanilje (ekstrakt)

Rrihni së bashku të bardhat e vezëve, sheqerin, kremin e tartarit, ujin dhe kripën në një tas rezistent ndaj nxehtësisë, të vendosur mbi një tigan me ujë të zier lehtë për rreth 5 minuta derisa të formohen maja të forta. E heqim nga zjarri dhe e rrahim esencën e vaniljes. Përdoreni për të bashkuar tortën së bashku, më pas shpërndajeni pjesën e mbetur mbi pjesën e sipërme dhe anash të tortës.

Frosting me sheqer të kaftë

Bën mjaftueshëm për të mbuluar një kek 23 cm/9

225 g/8 oz/1 filxhan sheqer kaf të butë

1 e bardhe veze

30 ml/2 lugë gjelle ujë

5 ml/1 lugë esencë vanilje (ekstrakt)

Rrihni së bashku sheqerin, të bardhën e vezëve dhe ujin në një tas rezistent ndaj nxehtësisë, të vendosur mbi një tigan me ujë të zier lehtë. Vazhdoni të rrihni deri në 10 minuta derisa masa të trashet dhe të formojë maja të ngurtë. Hiqeni nga zjarri dhe shtoni esencën e vaniljes. Vazhdoni të rrahni deri në një konsistencë të përhapur.

Frosting me gjalpë vanilje

Bën mjaftueshëm për të mbushur dhe mbuluar një kek 23 cm/9

1 e bardhe veze

75 g/3 oz/1/3 filxhan gjalpë ose margarinë, të zbutur

30 ml/2 lugë qumësht të nxehtë

5 ml/1 lugë esencë vanilje (ekstrakt)

Një majë kripë

350 g / 12 oz / 2 gota sheqer pluhur (të ëmbëlsirave), i situr

Përzieni së bashku të bardhën e vezës, gjalpin ose margarinën, qumështin e nxehtë, esencën e vaniljes dhe kripën. Përziejeni gradualisht sheqerin pluhur derisa të jetë homogjen.

Krem vanilje

Bën 600 ml/1 pt/2½ filxhanë

100 g/4 oz/½ filxhan sheqer (shumë i hollë).

50 g/2 oz/¼ filxhan miell misri (miseshte misri)

4 te verdha veze

600 ml/1 pt/2½ filxhan qumësht

1 bisht vanilje (fasule)

Sheqer pluhur (të ëmbëlsirave), i situr, për spërkatje

Rrihni gjysmën e sheqerit me miellin e misrit dhe të verdhat e vezëve derisa të përzihen plotësisht. Sheqerin e mbetur dhe qumështin e vëmë të ziejë me kokrrën e vaniljes. Përziejeni përzierjen e sheqerit në qumështin e nxehtë, më pas kthejeni në zierje, duke e trazuar vazhdimisht dhe gatuajeni për 3 minuta derisa të trashet. Hidheni në një tas, spërkatni me sheqer pluhur për të parandaluar formimin e lëkurës dhe lëreni të ftohet. Rrihni përsëri para përdorimit.

Mbushje me krem

Bën mjaftueshëm për të mbushur një kek 23 cm/9

325 ml/11 ml oz/11/3 filxhanë qumësht

45 ml/3 lugë miell misri (miell misri)

60 g/2½ oz/1/3 filxhan sheqer (shumë i hollë).

1 vezë

15 ml/1 lugë gjelle gjalpë ose margarinë

5 ml/1 lugë esencë vanilje (ekstrakt)

Përzieni 30 ml/2 lugë qumësht me miell misri, sheqer dhe vezë. Qumështin e mbetur e sillni pak nën pikën e vlimit në një tigan të vogël. Gradualisht përzieni qumështin e nxehtë në përzierjen e vezëve. Shpëlajeni tiganin, më pas kthejeni përzierjen në tigan dhe përzieni në zjarr të ulët derisa të trashet. Përzieni gjalpin ose margarinën dhe esencën e vaniljes. E mbulojmë me letër të lyer me yndyrë (të depiluar) dhe e lëmë të ftohet.

Mbushja e kremës daneze

Bën 750 ml/1¼ pikë/3 filxhanë

2 vezë

50 g/2 oz/¼ filxhan sheqer (shumë i hollë).

50 g/2 oz/½ filxhan miell të thjeshtë (për të gjitha qëllimet).

600 ml/1 pt/2½ filxhan qumësht

¼ bishtaja e vaniljes (fasule)

Rrihni së bashku vezët dhe sheqerin derisa të trashet. Punoni gradualisht në miell. Lëreni qumështin dhe vaniljen të ziejnë. Hiqni kofshën e vaniljes dhe përzieni qumështin në përzierjen e vezëve. Kthejeni në tigan dhe ziejini lehtë për 2-3 minuta, duke e përzier vazhdimisht. Lëreni të ftohet para përdorimit.

Mbushje me krem të pasur daneze

Bën 750 ml/1¼ pikë/3 filxhanë

4 te verdha veze

30 ml/2 lugë gjelle sheqer të grimcuar

25 ml/1½ lugë gjelle miell i thjeshtë (për të gjitha përdorimet).

10 ml/2 lugë gjelle miell patate

450 ml/¾ pt/2 gota krem i vetëm (i lehtë).

Disa pika esencë vanilje (ekstrakt)

150 ml/¼ pt/2/3 filxhan krem i dyfishtë (i rëndë), i rrahur

Përziejini së bashku të verdhat e vezëve, sheqerin, miellin dhe kremin në një tigan. Rrihni në zjarr mesatar derisa masa të fillojë të trashet. Shtoni esencën e vaniljes, më pas lëreni të ftohet. Palosni kremin e rrahur.

Crème Patissière

Bën 300 ml/½ pt/1¼ filxhan

2 vezë të ndara

45 ml/3 lugë miell misri (miell misri)

300 ml/½ pt/1¼ filxhan qumësht

Disa pika esencë vanilje (ekstrakt)

50 g/2 oz/¼ filxhan sheqer (shumë i hollë).

Përziejini së bashku të verdhat e vezëve, miellin e misrit dhe qumështin në një tigan të vogël derisa të përzihen mirë. Lëreni të vlojë në zjarr mesatar dhe më pas ziejini për 2 minuta duke e përzier gjatë gjithë kohës. Përzieni esencën e vaniljes dhe lëreni të ftohet.

Rrihni të bardhat e vezëve derisa të jenë të forta, më pas shtoni gjysmën e sheqerit dhe përzieni përsëri derisa të formojnë maja të forta. Hidhni pjesën tjetër të sheqerit. Hidheni në përzierjen e kremit dhe ftoheni derisa të jeni gati për t'u përdorur.

Mbushje me krem me xhenxhefil

Bën mjaftueshëm për të mbushur një kek 23 cm/9

100 g/4 oz/½ filxhan gjalpë ose margarinë, i zbutur

450 g/1 paund/22/3 filxhanë sheqer pluhur (të ëmbëlsirave), i situr

5 ml/1 lugë gjelle xhenxhefil të bluar

30 ml/2 lugë qumësht

75 g/3 oz/¼ filxhan pulpë e zezë (melasa)

Rrihni gjalpin ose margarinën me sheqerin dhe xhenxhefilin derisa të jenë të lehta dhe kremoze. Rrihni gradualisht qumështin dhe rrahni derisa të jetë e qetë dhe e përhapur. Nëse mbushja është shumë e hollë, rrahim me pak sheqer.

Mbushje me limon

Bën 250 ml/8 floz/1 filxhan

100 g/4 oz/½ filxhan sheqer (shumë i hollë).

30 ml/2 lugë gjelle miell misri (miseshte misri)

60 ml/4 lugë gjelle lëng limoni

15 ml/1 lugë gjelle lëvozhgë limoni të grirë

120 ml/4 ml oz/½ filxhan ujë

Një majë kripë

15 ml/1 lugë gjelle gjalpë ose margarinë

Përziejini së bashku të gjithë përbërësit përveç gjalpit ose margarinës në një tigan të vogël në zjarr të ngadaltë, duke e trazuar lehtë derisa masa të përzihet mirë. Lëreni të vlojë dhe ziej për 1 minutë. Përzieni gjalpin ose margarinën dhe lëreni të ftohet. Ftoheni para përdorimit.

Glaze çokollate

Bën mjaftueshëm për të lustruar një tortë 25 cm/10

50 g/2 oz/½ filxhan çokollatë e thjeshtë (gjysmë e ëmbël), e copëtuar

50 g/2 oz/¼ filxhan gjalpë ose margarinë

2,5 ml/½ lugë esencë vanilje (ekstrakt)

75 ml/5 lugë gjelle ujë të vluar

350 g/12 oz/2 filxhanë sheqer pluhur (të ëmbëlsirave), i situr

Përziejini së bashku të gjithë përbërësit në një blender ose procesor ushqimi derisa të jenë të lëmuara, duke i shtyrë përbërësit poshtë sipas nevojës. Përdorni menjëherë.

Glaze për kek frutash

Bën mjaftueshëm për të lustruar një tortë 25 cm/10

75 ml/5 lugë shurup i artë (misër i lehtë).

60 ml/4 lugë gjelle lëng ananasi ose portokalli

Bashkoni shurupin dhe lëngun në një tigan të vogël dhe lëreni të ziejë. E heqim nga zjarri dhe e lyejmë masën sipër dhe anët e një keku të ftohur. Lejo të vendoset. Lëreni sërish glazurën të ziejë dhe lyejeni tortën me një shtresë të dytë.

Glaze me torte me portokall

Bën mjaftueshëm për të lustruar një tortë 25 cm/10

50 g/2 oz/¼ filxhan sheqer (shumë i hollë).

30 ml/2 lugë gjelle lëng portokalli

10 ml/2 lugë e vogël lëkure portokalli të grirë

Kombinoni përbërësit në një tigan të vogël dhe lërini të vlojnë duke i përzier vazhdimisht. E heqim nga zjarri dhe e lyejmë masën sipër dhe anët e një keku të ftohur. Lejo të vendoset. Lëreni sërish glazurën të ziejë dhe lyejeni tortën me një shtresë të dytë.

Sheshe beze bajamesh

Bën 12

225 g/8 oz pastë me kore të shkurtra

60 ml/4 lugë gjelle reçel me mjedër (konservojeni)

2 te bardha veze

50 g/2 oz/½ filxhan bajame të bluara

100 g/4 oz/½ filxhan sheqer (shumë i hollë).

Disa pika esencë bajame (ekstrakt)

25 g/1 oz/¼ filxhan bajame të grira (të grira).

Hapeni petën (pastë) dhe e përdorni për të rreshtuar një tepsi të lyer me yndyrë 30 x 20 cm/12 x 8 në tepsi me role zvicerane (tepsi për pelte). Përhapeni me reçelin. Rrihni të bardhat e vezëve derisa të jenë të forta, më pas hidhni butësisht bajamet e bluara, sheqerin dhe thelbin e bajames. Përhapeni reçelin dhe spërkatni me bajame të grira. Piqeni në furrë të parangrohur në 180°C/350°F/gaz 4 për 45 minuta derisa të marrin ngjyrë të artë dhe të freskët. Lëreni të ftohet, më pas priteni në katrorë.

Engjëlli Drops

Bën 24

50 g/2 oz/¼ filxhan gjalpë ose margarinë, të zbutur

50 g/2 oz/¼ filxhan sallo (shkurtim)

100 g/4 oz/½ filxhan sheqer (shumë i hollë).

1 vezë e vogël, e rrahur

Disa pika esencë vanilje (ekstrakt)

175 g/6 oz/1½ filxhan miell që ngrihet vetë

45 ml/3 lugë tërshërë të mbështjellë

50 g/2 oz/¼ filxhan qershi glace (të sheqerosura), të përgjysmuara

Kremi së bashku gjalpin ose margarinën, sallin dhe sheqerin derisa të bëhen të lehta dhe me gëzof. Rrihni në esencën e vezëve dhe vaniljes, më pas hidhni miellin dhe përzieni në një brumë të fortë. Pritini në topa të vegjël dhe rrotulloni në tërshërë. Vendoseni mirë në një tepsi të lyer me yndyrë (cookie) dhe sipër secilës me një qershi. E pjekim në furrë të parangrohur në 180°C/350°F/gaz 4 për 20 minuta derisa të forcohet. Lëreni të ftohet në tepsi.

Feta bajame

Bën 12

100 g/4 oz/½ filxhan gjalpë ose margarinë

225 g/8 oz/2 gota miell të thjeshtë (për të gjitha qëllimet).

5 ml/1 lugë lugë pluhur pjekjeje

50 g/2 oz/¼ filxhan sheqer (shumë i hollë).

1 vezë të ndara

75 ml/5 lugë gjelle reçel me mjedër (konservojeni)

100 g/4 oz/2/3 filxhan sheqer pluhur (të ëmbëlsirave), i situr

100 g/4 oz/1 filxhan bajame të grira (të grira).

Fërkoni gjalpin ose margarinën në miell dhe pluhur pjekjeje derisa përzierja të ngjajë me thërrimet e bukës. Hidhni sheqerin, më pas përzieni të verdhën e vezës dhe gatuajeni në një brumë të fortë. Hapeni në një sipërfaqe të lyer pak me miell për të përshtatur një tepsi të lyer me yndyrë 30 x 20 cm/12 x 8 në tepsi me role zvicerane (tepsi për pelte). Shtypeni butësisht në tepsi dhe ngrini pak skajet e brumit për të bërë një buzë. Përhapeni me reçelin. Rrahim të bardhën e vezës derisa të bëhet e fortë, më pas rrahim gradualisht sheqerin pluhur. Përhapeni reçelin dhe spërkatni me bajame. E pjekim në furrë të parangrohur në 160°C/325°F/gaz 3 për 1 orë derisa të marrin ngjyrë kafe të artë dhe të forcohen. Lëreni të ftohet në tepsi për 5 minuta, më pas priteni në gishta dhe vendoseni në një raft teli për të përfunduar ftohjen.

Tartlets Bakewell

Bën 24

Për pasta:

25 g/1 oz/2 lugë gjelle sallo (shkurtim)

25 g/1 oz/2 lugë gjelle gjalpë ose margarinë

100 g/4 oz/1 filxhan miell të thjeshtë (për të gjitha qëllimet).

Një majë kripë

30 ml/2 lugë gjelle ujë

45 ml/3 lugë gjelle reçel me mjedër (konservojeni)

Për mbushjen:

50 g/2 oz/¼ filxhan gjalpë ose margarinë, të zbutur

50 g/2 oz/¼ filxhan sheqer (shumë i hollë).

1 vezë e rrahur lehtë

25 g/1 oz/¼ filxhan miell që ngrihet vetë

25 g/1 oz/¼ filxhan bajame të bluara

Disa pika esencë bajame (ekstrakt)

Për të bërë brumin (pastë), fërkoni yndyrën dhe gjalpin ose margarinën në miell dhe kripë derisa përzierja të ngjajë me thërrimet e bukës. Përzieni me ujë të mjaftueshëm për të bërë një pastë të butë. Rrotulloni hollë në një sipërfaqe të lyer pak me miell, priteni në 7,5 cm/3 në rrathë dhe përdorni për të rreshtuar pjesët e dy tepsi të lyer me yndyrë (tepsi). Mbushni me reçel.

Për të bërë mbushjen, lyeni së bashku gjalpin ose margarinën dhe sheqerin, më pas përzieni gradualisht vezën. Hidhni miellin, bajamet e bluara dhe thelbin e bajames. Përzierjen e hedhim me lugë në tarta, duke i mbyllur skajet në brumë në mënyrë që reçeli të mbulohet plotësisht. E pjekim në furrë të parangrohur në 180°C/350°F/gaz 4 për 20 minuta derisa të marrin ngjyrë kafe të artë.

Ëmbëlsira me flutura me çokollatë

Përgatit rreth 12 ëmbëlsira

Për ëmbëlsirat:

100 g/4 oz/½ filxhan gjalpë ose margarinë, i zbutur

100 g/4 oz/½ filxhan sheqer (shumë i hollë).

2 vezë të rrahura lehtë

100 g/4 oz/1 filxhan miell që ngrihet vetë

30 ml/2 lugë kakao (çokollatë pa sheqer).

Një majë kripë

30 ml/2 lugë gjelle qumësht të ftohtë

Për kremin (bricën):

50 g/2 oz/¼ filxhan gjalpë ose margarinë, të zbutur

100 g/4 oz/2/3 filxhan sheqer pluhur (të ëmbëlsirave), i situr

10 ml/2 lugë qumësht të nxehtë

Për të bërë ëmbëlsira, kremojeni së bashku gjalpin ose margarinën dhe sheqerin derisa të zbehet dhe të zbehet. Përziejini gradualisht vezët në mënyrë alternative me miellin, kakaon dhe kripën, më pas shtoni qumështin që të keni një përzierje të butë. Hidhni me lugë ëmbëlsira letre (letra cupcake) ose tepsi të lyer me yndyrë (tepsi) dhe piqini në një furrë të parangrohur në 190°/375°F/gaz pikën 5 për 15–20 minuta derisa të ngjizen mirë dhe të kenë elasticitet në prekje. Lëreni të ftohet. Pritini majat e ëmbëlsirave horizontalisht, më pas pritini majat në gjysmë vertikalisht për të bërë 'krahët' e fluturës.

Për të bërë kremin, rrihni gjalpin ose margarinën derisa të zbuten, më pas rrihni gjysmën e sheqerit pluhur. Rrihni qumështin, pastaj sheqerin e mbetur. Ndani përzierjen e kremës në mes të ëmbëlsirave, më pas shtypni 'krahët' në majat e ëmbëlsirave në një kënd.

Ëmbëlsira me kokos

Bën 12

100 g/4 oz pastë me kore të shkurtra

50 g/2 oz/¼ filxhan gjalpë ose margarinë, të zbutur

50 g/2 oz/¼ filxhan sheqer (shumë i hollë).

1 vezë e rrahur

25 g/1 oz/2 lugë gjelle miell orizi

50 g/2 oz/½ filxhan kokos të tharë (të copëtuar).

1,5 ml/¼ lugë e vogël pluhur pjekjeje

60 ml/4 lugë gjelle me çokollatë

Hapeni brumin (pastë) dhe përdorni për të rreshtuar pjesët e një tepsi (tepsi). Kremi së bashku gjalpin ose margarinën dhe sheqerin, më pas rrahim me vezën dhe miellin e orizit. Përzieni kokosin dhe pluhurin për pjekje. Në bazën e çdo kuti pastiçerie (lëvozhgë byreku) vendosni një lugë të vogël me çokollatë të përhapur. Hidhni sipër përzierjen e kokosit me lugë dhe piqini në furrë të parangrohur në 200°C/400°F/gaz 6 për 15 minuta derisa të skuqet dhe të marrë ngjyrë të artë.

Cupcake të ëmbla

Bën 15

100 g/4 oz/½ filxhan gjalpë ose margarinë, i zbutur

225 g/8 oz/1 filxhan sheqer (shumë i hollë).

2 vezë

5 ml/1 lugë esencë vanilje (ekstrakt)

175 g/6 oz/1½ filxhan miell që ngrihet vetë

5 ml/1 lugë lugë pluhur pjekjeje

Një majë kripë

75 ml/5 lugë qumësht

Kremi së bashku gjalpin ose margarinën dhe sheqerin derisa të jenë të lehta dhe me gëzof. Shtoni gradualisht vezët dhe esencën e vaniljes duke i rrahur mirë pas çdo shtimi. Hidhni miellin, pluhurin për pjekje dhe kripën në mënyrë alternative me qumështin duke i rrahur mirë. Hidheni masën në kuti letre (letra cupcake) dhe piqeni në furrë të parangrohur në 190°C/375°F/gaz 5 për 20 minuta derisa një hell i futur në qendër të dalë i pastër.

Ëmbëlsira me pika kafeje

Bën 12

Për ëmbëlsirat:

100 g/4 oz/½ filxhan gjalpë ose margarinë, i zbutur

100 g/4 oz/½ filxhan sheqer (shumë i hollë).

2 vezë të rrahura lehtë

100 g/4 oz/1 filxhan miell që ngrihet vetë

10 ml/2 lugë esencë kafeje (ekstrakt)

Për kremin (bricën):

50 g/2 oz/¼ filxhan gjalpë ose margarinë, të zbutur

100 g/4 oz/2/3 filxhan sheqer pluhur (të ëmbëlsirave), i situr

Disa pika esencë kafeje (ekstrakt)

100 g/4 oz/1 filxhan patate të skuqura çokollate

Për të bërë ëmbëlsirat, lyeni së bashku gjalpin ose margarinën dhe sheqerin derisa të jenë të lehta dhe me gëzof. Rrihni gradualisht vezët, më pas hidhni miellin dhe esencën e kafesë. Hidheni masën me lugë në kuti letre për kek (letra cupcake) të vendosura në një tepsi (tepsi) dhe piqeni në një furrë të parangrohur në 180°C/350°F/gaz pikë 4 për 20 minuta derisa të skuqet mirë dhe të bëhet elastik në prekje. Lëreni të ftohet.

Për të bërë kremin, rrihni gjalpin ose margarinën derisa të zbuten, më pas rrihni pluhurin e sheqerit dhe esencën e kafesë. Përhapeni sipër ëmbëlsirave dhe dekorojini me copëzat e çokollatës.

Eccles Cakes

Bën 16

50 g/2 oz/¼ filxhan gjalpë ose margarinë

50 g/2 oz/¼ filxhan sheqer kaf të butë

225 g/8 oz/11/3 filxhanë rrush pa fara

450 g/1 lb Pastë squfur ose pastë me flakë

Pak qumësht

45 ml/3 lugë gjelle sheqer (superfine).

Shkrini gjalpin ose margarinën dhe sheqerin kaf në zjarr të ulët duke i trazuar mirë. Hiqeni nga zjarri dhe përzieni rrush pa fara. Lëreni të ftohet pak. Hapeni petën (pastën) në një sipërfaqe të lyer me miell dhe priteni në 16 rrathë. Ndani përzierjen e mbushjes midis rrathëve, më pas palosni skajet në qendër, duke lyer me ujë për të mbyllur skajet së bashku. Këmbët i kthejmë nga ana tjetër dhe i rrotullojmë lehtë me një okllai që të rrafshohen pak. Pritini nga tre të çara në krye të secilës, lyeni me qumësht dhe spërkatni me sheqer. Vendoseni në një tepsi të lyer me yndyrë (cookie) dhe piqini në një furrë të parangrohur në 200°C/400°F/gaz 6 për 20 minuta derisa të marrin ngjyrë të artë.

Ëmbëlsira zanash

Bën rreth 12

100 g/4 oz/½ filxhan gjalpë ose margarinë, i zbutur

100 g/4 oz/½ filxhan sheqer (shumë i hollë).

2 vezë të rrahura lehtë

100 g/4 oz/1 filxhan miell që ngrihet vetë

Një majë kripë

30 ml/2 lugë qumësht

Disa pika esencë vanilje (ekstrakt)

Kremi së bashku me gjalpin ose margarinën dhe sheqerin derisa të zbehet dhe të bëhet me gëzof. Përziejini gradualisht vezët në mënyrë alternative me miellin dhe kripën, më pas shtoni qumështin dhe esencën e vaniljes për të bërë një përzierje të butë. Hidhni me lugë ëmbëlsira letre (letra cupcake) ose tepsi të lyer me yndyrë (tepsi) dhe piqini në një furrë të parangrohur në 190°C/375°F/gaz shenjë 5 për 15-20 minuta derisa të skuqen mirë dhe të bëhen elastike në prekje.

Ëmbëlsira zanash me akull me pendë

Bën 12

50 g/2 oz/¼ filxhan gjalpë ose margarinë, të zbutur

50 g/2 oz/¼ filxhan sheqer (shumë i hollë).

1 vezë

50 g/2 oz/½ filxhan miell që ngrihet vetë

100 g/4 oz/2/3 filxhan sheqer pluhur (të ëmbëlsirave).

15 ml/1 lugë gjelle ujë të ngrohtë

Disa pika ngjyrues ushqimor

Kremi së bashku gjalpin ose margarinën dhe sheqerin derisa të zbehet dhe të bëhet me gëzof. Rrihni gradualisht vezën dhe më pas hidhni miellin. Ndani përzierjen midis 12 kutive të ëmbëlsirave prej letre (letra cupcake) të vendosura në tepsi (tepsi). Piqeni në furrë të parangrohur në 160°C/325°F/gaz 3 për 15-20 minuta derisa të skuqet dhe të bëhet elastik në prekje. Lëreni të ftohet.

Përziejini së bashku sheqerin pluhur dhe ujin e ngrohtë. Ngjyrosni një të tretën e kremit (frosting) me ngjyrosjen e ushqimit që dëshironi. Përhapeni kremin e bardhë mbi ëmbëlsira. Vendoseni kremin me ngjyrë në vija përgjatë tortës, më pas vizatoni një pikë thike në kënde të drejta me vijat fillimisht në njërën anë, pastaj në drejtimin tjetër, për të krijuar një model me onde. Lëreni të vendoset.

Fantazitë gjenoveze

Bën 12

3 vezë të rrahura lehtë

75 g/3 oz/1/3 filxhan sheqer (shumë i hollë).

75 g/3 oz/¾ filxhan miell që ngrihet vetë

Disa pika esencë vanilje (ekstrakt)

25 g/1 oz/2 lugë gjelle gjalpë ose margarinë, të shkrirë dhe të ftohur

60 ml/4 lugë gjelle reçel kajsie (ruajtur), i situr (i kulluar)

60 ml/4 lugë gjelle ujë

225 g/8 oz/11/3 filxhanë sheqer pluhur (të ëmbëlsirave), i situr

Disa pika ngjyrosje ushqimore rozë dhe blu (opsionale)

Dekorime torte

Vendosni vezët dhe sheqerin në një enë rezistente ndaj nxehtësisë, të vendosur mbi një tigan me ujë të zier lehtë. Rrihni derisa përzierja të largohet nga kamxhiku në shirita. Hidhni miellin dhe esencën e vaniljes, më pas përzieni gjalpin ose margarinën. Masën e derdhim në një tepsi të lyer me yndyrë 30 x 20 cm/ 12 x 8 në tepsi zvicerane (tepsi për pelte) dhe e pjekim në furrë të parangrohur në 190°C/375°F/ markën e gazit 5 për 30 minuta. Lëreni të ftohet, më pas prisni në forma. Ngroheni reçelin me 30 ml/2 lugë gjelle ujë dhe lyeni me furçë ëmbëlsirat.

Shoshni pluhurin e sheqerit në një tas. Nëse dëshironi ta bëni kremin me ngjyra të ndryshme, ndajeni në enë të veçantë dhe bëni një pus në qendër të secilit. Gradualisht shtoni disa pika ngjyrë dhe mjaftueshëm ujë të mbetur për t'u përzier në një krem mjaft të fortë. Përhapeni mbi ëmbëlsira dhe dekorojini sipas dëshirës.

Makaronat me bajame

Bën 16

Letër orizi

100 g/4 oz/½ filxhan sheqer (shumë i hollë).

50 g/2 oz/½ filxhan bajame të bluara

5 ml/1 lugë gjelle oriz i bluar

Disa pika esencë bajame (ekstrakt)

1 e bardhe veze

8 bajame të zbardhura, të përgjysmuara

Rreshtoni një fletë pjekjeje (cookie) me letër orizi. Përziejini së bashku të gjithë përbërësit, përveç bajameve të zbardhura, në një pastë të fortë dhe rrihni mirë. Vendosni lugët e masës në tepsi dhe sipër secilës me një gjysmë bajame. E pjekim në furrë të parangrohur në 150°C/325°F/gaz 3 për 25 minuta. Lëreni të ftohet në fletën e pjekjes, më pas prisni ose grisni secilën prej tyre për ta çliruar nga letra e orizit.

Makaronat e kokosit

Bën 16

2 te bardha veze

150 g/5 oz/2/3 filxhan sheqer (shumë i hollë).

150 g/5 oz/1¼ filxhan kokos të tharë (të copëtuar)

Letër orizi

8 qershi glace (të sheqerosura), të përgjysmuara

Rrihni të bardhat e vezëve derisa të jenë të forta. Rrihni sheqerin derisa përzierja të formojë maja të forta. Palosni kokosin. Vendosni letrën e orizit në një fletë pjekjeje (cookie) dhe vendosni lugë nga përzierja në fletë. Vendosni një gjysmë qershie sipër secilës. E pjekim në furrë të parangrohur në 160°C/325°F/gaz shenjë 3 për 30 minuta derisa të forcohet. Lëreni në letrën e orizit të ftohet, më pas prisni ose grisni secilën prej tyre për ta çliruar nga fleta e letrës së orizit.

Makaronat e gëlqeres

Bën 12

100 g/4 oz pastë me kore të shkurtra

60 ml/4 lugë gjelle marmelatë lime

2 te bardha veze

50 g/2 oz/¼ filxhan sheqer (shumë i hollë).

25 g/1 oz/¼ filxhan bajame të bluara

10 ml/2 lugë gjelle oriz të bluar

5 ml/1 lugë çaji ujë lule portokalli

Hapeni brumin (pastë) dhe përdorni për të rreshtuar pjesët e një tepsi (tepsi). Vendosni një lugë të vogël marmelatë në çdo kuti pastiçerie (lëvozhgë byreku). Rrahim të bardhat e vezëve derisa të jenë të forta. Rrihni sheqerin derisa të bëhet i fortë dhe me shkëlqim. Hidhni në të bajamet, orizin dhe ujin e luleve të portokallit. Hidhni me lugë kutitë duke e mbuluar plotësisht marmeladën. E pjekim në furrë të parangrohur në 180°C/350°F/gaz 4 për 30 minuta derisa të skuqen dhe të marrin ngjyrë kafe të artë.

Makaronat Oaty

Bën 24

175 g/6 oz/1½ filxhan tërshërë të mbështjellë

175 g/6 oz/¾ filxhan sheqer muskovado

120 ml/4 ml oz/½ filxhan vaj

1 vezë

2,5 ml/½ lugë e vogël kripë

2,5 ml/½ lugë esencë bajame (ekstrakt)

Përzieni së bashku tërshërën, sheqerin dhe vajin dhe lëreni të qëndrojë për 1 orë. Rrihni vezën, kripën dhe thelbin e bajames. Vendosni lugë nga përzierja në një tepsi të lyer me yndyrë (biskota) dhe piqini në furrë të parangrohur në 160°C/325°F/gaz 3 për 20 minuta derisa të marrin ngjyrë kafe të artë.

Madeleines

Bën 9

100 g/4 oz/½ filxhan gjalpë ose margarinë, i zbutur

100 g/4 oz/½ filxhan sheqer (shumë i hollë).

2 vezë të rrahura lehtë

100 g/4 oz/1 filxhan miell që ngrihet vetë

175 g/6 oz/½ filxhan reçel luleshtrydhe ose mjedër (ruajini)

60 ml/4 lugë gjelle ujë

50 g/2 oz/½ filxhan kokos të tharë (të copëtuar).

5 qershi glace (të sheqerosura), të përgjysmuara

Kremi gjalpin ose margarinën derisa të zbehet, më pas rrahim me sheqerin derisa të zbutet dhe të bëhet me gëzof. Rrihni gradualisht vezët, më pas hidhni miellin. Hidhni me lugë nëntë kallëpe të lyer me yndyrë për dariole (puding kështjelle) dhe vendosini në një fletë pjekjeje (biskotë). E pjekim në furrë të parangrohur në 190°C/375°F/ markën 5 të gazit për 20 minuta derisa të skuqen mirë dhe të marrin ngjyrë kafe të artë. Lëreni të ftohet në tepsi për 5 minuta, më pas vendoseni në një raft teli për të përfunduar ftohjen.

Pritini majat e secilës tortë për të formuar një bazë të sheshtë. Sisni (kullojeni) reçelin dhe vendoseni të vlojë me ujin në një tigan të vogël, duke e trazuar derisa të përzihet mirë. Përhapeni kokosin në një fletë të madhe letre të yndyrshme (të depiluar). Shtyjeni një hell në bazën e tortës së parë, lyeni me glazurën e reçelit dhe më pas mbështilleni në kokosin derisa të mbulohet. Vendoseni në një pjatë për servirje. Përsëriteni me ëmbëlsirat e mbetura. Sipër i hidhni qershitë glace të përgjysmuara.

Ëmbëlsira marzipan

Bën rreth 12

450 g/1 paund/4 filxhanë bajame të bluara

100 g/4 oz/2/3 filxhan sheqer pluhur (të ëmbëlsirave), i situr

100 g/4 oz/½ filxhan sheqer (shumë i hollë).

30 ml/2 lugë gjelle ujë

3 te bardha veze

Për kremin (bricën):
100 g/4 oz/2/3 filxhan sheqer pluhur (të ëmbëlsirave), i situr

1 e bardhe veze

2,5 ml/½ lugë uthull

Përziejini së bashku të gjithë përbërësit e kekut në një tigan dhe ngrohni butësisht, duke e trazuar, derisa pasta të ketë thithur të gjithë lëngun. E heqim nga zjarri dhe e leme te ftohet. Hapeni në një sipërfaqe të lyer lehtë me miell deri në 1 cm/½ trashësi dhe priteni në rripa 3 cm/1½. Pritini në gjatësi 5 cm/2, rregulloni në një tepsi të lyer me yndyrë (biskota) dhe piqini në një furrë të parangrohur në 150°C/300°F/ shenjën e gazit 2 për 20 minuta derisa sipër të marrin ngjyrë kafe të lehtë. Lëreni të ftohet.

Për të bërë kremin, përzieni gradualisht të bardhën e vezës dhe uthullën në sheqer pluhur derisa të keni një krem të butë dhe të trashë. Hidhni kremin mbi ëmbëlsira.

Kiflet

Bën 12

225 g/8 oz/2 gota miell të thjeshtë (për të gjitha qëllimet).

100 g/4 oz/½ filxhan sheqer (shumë i hollë).

10 ml/2 lugë lugë pluhur pjekjeje

2,5 ml/½ lugë e vogël kripë

1 vezë e rrahur lehtë

250 ml/8 ml oz/1 filxhan qumësht

120 ml/4 ml oz/½ filxhan vaj

Përziejini së bashku miellin, sheqerin, pluhurin për pjekje dhe kripën dhe bëni një pus në qendër. Përziejini së bashku përbërësit e mbetur dhe përzieni në përbërësit e thatë derisa të përzihen. Mos e teproni. Hidhni me lugë në kuti (letra) ose në tepsi (tava) të lyer me yndyrë për kifle dhe piqini në furrë të parangrohur në temperaturën 200°C/400°F/gaz 6 për 20 minuta derisa të ngrihen mirë dhe të kenë elasticitet në prekje.

Kiflet me mollë

Bën 12

225 g/8 oz/2 gota miell të thjeshtë (për të gjitha qëllimet).

100 g/4 oz/½ filxhan sheqer (shumë i hollë).

10 ml/2 lugë lugë pluhur pjekjeje

2,5 ml/½ lugë e vogël kripë

1 vezë e rrahur lehtë

250 ml/8 ml oz/1 filxhan qumësht

120 ml/4 ml oz/½ filxhan vaj

2 mollë të ngrëna (ëmbëlsirë), të qëruara, të prera dhe të prera

Përziejini së bashku miellin, sheqerin, pluhurin për pjekje dhe kripën dhe bëni një pus në qendër. Përziejini së bashku përbërësit e mbetur dhe përzieni në përbërësit e thatë derisa të përzihen. Mos e teproni. Hidhni me lugë në kuti (letra) ose në tepsi (tava) të lyer me yndyrë për kifle dhe piqini në furrë të parangrohur në temperaturën 200°C/400°F/gaz 6 për 20 minuta derisa të ngrihen mirë dhe të kenë elasticitet në prekje.

Kifle me banane

Bën 12

225 g/8 oz/2 gota miell të thjeshtë (për të gjitha qëllimet).

100 g/4 oz/½ filxhan sheqer (shumë i hollë).

10 ml/2 lugë lugë pluhur pjekjeje

2,5 ml/½ lugë e vogël kripë

1 vezë e rrahur lehtë

250 ml/8 ml oz/1 filxhan qumësht

120 ml/4 ml oz/½ filxhan vaj

2 banane, të grira

Përziejini së bashku miellin, sheqerin, pluhurin për pjekje dhe kripën dhe bëni një pus në qendër. Përziejini së bashku përbërësit e mbetur dhe përzieni në përbërësit e thatë derisa të përzihen. Mos e teproni. Hidhni me lugë në kuti (letra) ose në tepsi (tava) të lyer me yndyrë për kifle dhe piqini në furrë të parangrohur në temperaturën 200°C/400°F/gaz 6 për 20 minuta derisa të ngrihen mirë dhe të kenë elasticitet në prekje.

Kifle me rrush pa fara të zeza

Bën 12

225 g/8 oz/2 gota miell që ngrihet vetë

75 g/3 oz/1/3 filxhan sheqer (shumë i hollë).

2 te bardha veze

75 g/3 oz rrush pa fara të zeza

200 ml/7 ml oz/1 filxhan qumësht i pakët

30 ml/2 lugë gjelle vaj

Përziejini së bashku miellin dhe sheqerin. Rrihni lehtë të bardhat e vezëve, më pas përzieni në përbërësit e thatë. Përzieni rrush pa fara, qumështin dhe vajin. Hidhni me lugë në tepsi (tepsi) të lyer me yndyrë dhe piqini në një furrë të parangrohur në 200°C/400°F/gaz 6 për 15-20 minuta derisa të marrin ngjyrë kafe të artë.

Kifle me boronica amerikane

Bën 12

150 g/5 oz/1¼ filxhan miell të thjeshtë (për të gjitha qëllimet).

75 g/3 oz/¾ filxhan miell misri

75 g/3 oz/1/3 filxhan sheqer (shumë i hollë).

10 ml/2 lugë lugë pluhur pjekjeje

Një majë kripë

1 vezë e rrahur lehtë

75 g/3 oz/1/3 filxhan gjalpë ose margarinë, të shkrirë

250 ml/8 ml oz/1 filxhan dhallë

100 g/4 oz boronica

Përziejini së bashku miellin, miellin e misrit, sheqerin, pluhurin për pjekje dhe kripën dhe bëni një pus në qendër. Shtoni vezën, gjalpin ose margarinën dhe dhallën dhe përziejini së bashku derisa të kombinohen. Përzieni boronica ose manaferrat. Hidhni me lugë në kuti (letra) për kifle dhe piqini në furrë të nxehur më parë në 200°C/400°F/gaz 6 për 20 minuta derisa të marrin ngjyrë kafe të artë dhe të marrin ngjyrë në prekje.

Kifle me qershi

Bën 12

225 g/8 oz/2 gota miell të thjeshtë (për të gjitha qëllimet).

100 g/4 oz/½ filxhan sheqer (shumë i hollë).

100 g/4 oz/½ filxhan qershi glace (të sheqerosura).

10 ml/2 lugë lugë pluhur pjekjeje

2,5 ml/½ lugë e vogël kripë

1 vezë e rrahur lehtë

250 ml/8 ml oz/1 filxhan qumësht

120 ml/4 ml oz/½ filxhan vaj

Përziejini së bashku miellin, sheqerin, qershitë, pluhurin për pjekje dhe kripën dhe bëni një pus në qendër. Përziejini së bashku përbërësit e mbetur dhe përzieni në përbërësit e thatë derisa të përzihen. Mos e teproni. Hidhni me lugë në kapakë (letra) ose në tepsi (tepsi) të lyer me yndyrë për kifle dhe piqini në furrë të parangrohur në 200°C/400°F/gaz shenjë 6 për 20 minuta derisa të skuqen mirë dhe të kenë elasticitet në prekje.

Kifle me çokollatë

Bën 10–12

175 g/6 oz/1½ filxhan miell të thjeshtë (për të gjitha qëllimet).

40 g/1½ oz/1/3 filxhan kakao (çokollatë pa sheqer) pluhur

100 g/4 oz/½ filxhan sheqer (shumë i hollë).

10 ml/2 lugë lugë pluhur pjekjeje

2,5 ml/½ lugë e vogël kripë

1 vezë e madhe

250 ml/8 ml oz/1 filxhan qumësht

2,5 ml/½ lugë esencë vanilje (ekstrakt)

120 ml/4 ml oz/½ filxhan vaj luledielli ose vegjetal

Përziejini së bashku përbërësit e thatë dhe bëni një pus në qendër. Përziejini mirë vezën, qumështin, esencën e vaniljes dhe vajin. Përzieni shpejt lëngun në përbërësit e thatë derisa të përfshihen të gjithë. Mos e teproni; përzierja duhet të jetë me gunga. Hidhni me lugë në kuti (letra) ose tepsi (tepsi) për kifle dhe piqini në një furrë të parangrohur në 200°C/400°F/gaz 6 për rreth 20 minuta derisa të ngrihen mirë dhe të kenë elasticitet në prekje.

Kifle me çokollatë

Bën 12

175 g/6 oz/1½ filxhan miell të thjeshtë (për të gjitha qëllimet).

100 g/4 oz/½ filxhan sheqer (shumë i hollë).

45 ml/3 lugë kakao (çokollatë pa sheqer).

100 g/4 oz/1 filxhan patate të skuqura çokollate

10 ml/2 lugë lugë pluhur pjekjeje

2,5 ml/½ lugë e vogël kripë

1 vezë e rrahur lehtë

250 ml/8 ml oz/1 filxhan qumësht

120 ml/4 ml oz/½ filxhan vaj

2,5 ml/½ lugë esencë vanilje (ekstrakt)

Përziejini së bashku miellin, sheqerin, kakaon, copëzat e çokollatës, pluhurin për pjekje dhe kripën dhe bëni një pus në qendër. Përziejini së bashku përbërësit e mbetur dhe përzieni në përbërësit e thatë derisa të përzihen. Mos e teproni. Hidhni me lugë në kuti (letra) ose në tepsi (tava) të lyer me yndyrë për kifle dhe piqini në furrë të parangrohur në temperaturën 200°C/400°F/gaz 6 për 20 minuta derisa të ngrihen mirë dhe të kenë elasticitet në prekje.

Kifle me kanellë

Bën 12

225 g/8 oz/2 gota miell të thjeshtë (për të gjitha qëllimet).

100 g/4 oz/½ filxhan sheqer (shumë i hollë).

10 ml/2 lugë lugë pluhur pjekjeje

5 ml/1 lugë çaji kanellë të bluar

2,5 ml/½ lugë e vogël kripë

1 vezë e rrahur lehtë

250 ml/8 ml oz/1 filxhan qumësht

120 ml/4 ml oz/½ filxhan vaj

Përziejini së bashku miellin, sheqerin, pluhurin për pjekje, kanellën dhe kripën dhe bëni një pus në qendër. Përziejini së bashku përbërësit e mbetur dhe përzieni në përbërësit e thatë derisa të përzihen. Mos e teproni. Hidhni me lugë në kapakë (letra) ose në tepsi (tepsi) të lyer me yndyrë për kifle dhe piqini në furrë të parangrohur në 200°C/400°F/gaz shenjë 6 për 20 minuta derisa të skuqen mirë dhe të kenë elasticitet në prekje.

Kifle me miell misri

Bën 12

50 g/2 oz/½ filxhan miell të thjeshtë (për të gjitha qëllimet).

100 g/4 oz/1 filxhan miell misri

5 ml/1 lugë lugë pluhur pjekjeje

1 vezë të ndara

1 e verdhe veze

30 ml/2 lugë vaj misri

30 ml/2 lugë qumësht

Përziejini së bashku miellin, miellin e misrit dhe pluhurin për pjekje. Rrihni së bashku të verdhat e vezëve, vajin dhe qumështin, më pas përzieni përbërësit e thatë. Rrihni të bardhën e vezës derisa të jetë e fortë, më pas futeni në përzierje. Hidhni me lugë në kuti (letra) për kifle ose në tepsi (tepsi) të lyer me yndyrë dhe piqini në furrë të parangrohur në 200°C/400°F/gaz 6 për rreth 20 minuta derisa të marrin ngjyrë të artë.

Kifle me fiku integral

Bën 10

100 g/4 oz/1 filxhan miell integral (gruri integrale).

5 ml/1 lugë lugë pluhur pjekjeje

50 g/2 oz/½ filxhan tërshërë të mbështjellë

50 g/2 oz/1/3 filxhan fiq të thatë, të copëtuar

45 ml/3 lugë gjelle vaj

75 ml/5 lugë qumësht

15 ml/1 lugë gjelle e zezë (melasa)

1 vezë e rrahur lehtë

Përzieni së bashku miellin, pluhurin për pjekje dhe tërshërën, më pas përzieni fiqtë. Ngrohni vajin, qumështin dhe kërpudhat së bashku derisa të përzihen, më pas përzieni në përbërësit e thatë me vezën dhe përzieni në një brumë të fortë. Vendosni lugët e masës në kuti (letra) ose tepsi (tepsi) të lyer me yndyrë për kifle dhe piqini në furrë të parangrohur në temperaturën 190°C/375°F/gaz 5 për rreth 20 minuta derisa të marrin ngjyrë kafe të artë.

Kifle me fruta dhe krunde

Bën 8

100 g/4 oz/1 filxhan Drithëra me krunde

50 g/2 oz/½ filxhan miell të thjeshtë (për të gjitha qëllimet).

2,5 ml/½ lugë e vogël pluhur pjekjeje

5 ml/1 lugë çaji bikarbonat sodë (sode buke)

5 ml/1 lugë erëz e përzier e bluar (byrek me mollë).

50 g/2 oz/1/3 filxhan rrush të thatë

100 g/4 oz/1 filxhan pure molle (salcë)

5 ml/1 lugë esencë vanilje (ekstrakt)

30 ml/2 lugë qumësht

Përziejini së bashku përbërësit e thatë dhe bëni një pus në qendër. Përzieni rrushin e thatë, purenë e mollës dhe esencën e vaniljes dhe qumështin e mjaftueshëm për të bërë një përzierje të butë. Hidhni me lugë në kapakë (letra) ose në tepsi (tepsi) të lyer me yndyrë dhe piqini në furrë të parangrohur në 200°C/400°F/gaz shenjë 6 për 20 minuta derisa të skuqen mirë dhe të marrin ngjyrë kafe të artë.

Kiflet e tërshërës

Bën 20

100 g/4 oz/1 filxhan bollgur

100 g/4 oz/1 filxhan miell tërshërë

225 g/8 oz/2 gota miell integral (gruri integrale).

10 ml/2 lugë lugë pluhur pjekjeje

50 g/2 oz/1/3 filxhan rrush të thatë (opsionale)

375 ml/13 ml oz/1½ filxhan qumësht

10 ml/2 lugë vaj

2 te bardha veze

Përzieni së bashku tërshërën, miellin dhe pluhurin për pjekje dhe përzieni rrushin e thatë, nëse përdorni. Hidhni qumështin dhe vajin. Rrihni të bardhat e vezëve derisa të jenë të ngurta, më pas futini në masë. Hidhni me lugë në kuti (letra) ose në tepsi (tava) të lyer me yndyrë për kifle dhe piqini në furrë të parangrohur në 190°C/375°F/gaz 5 për rreth 25 minuta derisa të marrin ngjyrë të artë.

Kifle me fruta me bollgur

Bën 10

100 g/4 oz/1 filxhan miell integral (gruri integrale).

100 g/4 oz/1 filxhan bollgur

15 ml/1 lugë gjelle pluhur për pjekje

100 g/4 oz/2/3 filxhan sulltane (rrush të thatë)

50 g/2 oz/½ filxhan arra të përziera të copëtuara

1 mollë e ngrënë (ëmbëlsirë), e qëruar, e prerë dhe e grirë në rende

45 ml/3 lugë gjelle vaj

30 ml/2 lugë mjaltë të pastër

15 ml/1 lugë gjelle e zezë (melasa)

1 vezë e rrahur lehtë

90 ml/6 lugë qumësht

Përziejini së bashku miellin, tërshërën dhe pluhurin për pjekje. Përzieni sulltanet, arrat dhe mollën. Ngrohni vajin, mjaltin dhe kërpudhat së bashku derisa të shkrihen, më pas përzieni përzierjen me vezën dhe qumështin e mjaftueshëm për të bërë një konsistencë të butë me pika. Hidhni me lugë në kuti (letra) ose në tepsi (tava) të lyer me yndyrë për kifle dhe piqini në furrë të parangrohur në 190°C/375°F/gaz 5 për rreth 25 minuta derisa të marrin ngjyrë të artë.

Kifle portokalli

Bën 12

100 g/4 oz/1 filxhan miell që ngrihet vetë

100 g/4 oz/½ filxhan sheqer kaf të butë

1 vezë e rrahur lehtë

120 ml/4 ml oz/½ filxhan lëng portokalli

60 ml/4 lugë gjelle vaj

2,5 ml/½ lugë esencë vanilje (ekstrakt)

25 g/1 oz/2 lugë gjelle gjalpë ose margarinë

30 ml/2 lugë gjelle miell i thjeshtë (për të gjitha përdorimet).

2,5 ml/½ lugë e vogël kanellë të bluar

Përzieni së bashku miellin që rritet vetë dhe gjysmën e sheqerit në një enë. Përzieni së bashku vezën, lëngun e portokallit, vajin dhe esencën e vaniljes, më pas përzieni përbërësit e thatë derisa të përzihen. Mos e teproni. Hidhni me lugë në kapakë (letra) ose në tepsi (tepsi) të lyer me yndyrë dhe piqini në furrë të parangrohur në 200°C/400°F/gaz shenjë 6 për 10 minuta.

Ndërkohë, fërkoni gjalpin ose margarinën për sipër në miellin e thjeshtë, më pas përzieni sheqerin e mbetur dhe kanellën. I spërkasim sipër kiflet dhe i kthejmë në furrë për 5 minuta të tjera derisa të marrin ngjyrë kafe të artë.

Kifle Pjeshke

Bën 12

225 g/8 oz/2 gota miell të thjeshtë (për të gjitha qëllimet).

100 g/4 oz/½ filxhan sheqer (shumë i hollë).

10 ml/2 lugë lugë pluhur pjekjeje

2,5 ml/½ lugë e vogël kripë

1 vezë e rrahur lehtë

175 ml/6 ml oz/¾ filxhan qumësht

120 ml/4 ml oz/½ filxhan vaj

200 g/7 oz/1 kanaçe e vogël pjeshkë, të kulluara dhe të prera

Përziejini së bashku miellin, sheqerin, pluhurin për pjekje dhe kripën dhe bëni një pus në qendër. Përziejini së bashku përbërësit e mbetur dhe përzieni në përbërësit e thatë derisa të përzihen. Mos e teproni. Hidhni me lugë në kuti (letra) ose në tepsi (tava) të lyer me yndyrë për kifle dhe piqini në furrë të parangrohur në temperaturën 200°C/400°F/gaz 6 për 20 minuta derisa të ngrihen mirë dhe të kenë elasticitet në prekje.

Kifle me gjalpë kikiriku

Bën 12

225 g/8 oz/2 gota miell të thjeshtë (për të gjitha qëllimet).

100 g/4 oz/½ filxhan sheqer kaf të butë

10 ml/2 lugë lugë pluhur pjekjeje

2,5 ml/½ lugë e vogël kripë

1 vezë e rrahur lehtë

250 ml/8 ml oz/1 filxhan qumësht

120 ml/4 ml oz/½ filxhan vaj

45 ml/3 lugë gjelle gjalpë kikiriku

Përziejini së bashku miellin, sheqerin, pluhurin për pjekje dhe kripën dhe bëni një pus në qendër. Përziejini së bashku përbërësit e mbetur dhe përzieni në përbërësit e thatë derisa të përzihen. Mos e teproni. Hidhni me lugë në kuti (letra) ose në tepsi (tava) të lyer me yndyrë për kifle dhe piqini në furrë të parangrohur në temperaturën 200°C/400°F/gaz 6 për 20 minuta derisa të ngrihen mirë dhe të kenë elasticitet në prekje.

Kifle ananasi

Bën 12

225 g/8 oz/2 gota miell të thjeshtë (për të gjitha qëllimet).

100 g/4 oz/½ filxhan sheqer kaf të butë

10 ml/2 lugë lugë pluhur pjekjeje

2,5 ml/½ lugë e vogël kripë

1 vezë e rrahur lehtë

175 ml/6 ml oz/¾ filxhan qumësht

120 ml/4 ml oz/½ filxhan vaj

200 g/7 oz/1 kanaçe e vogël ananas, e kulluar dhe e prerë

30 ml/2 lugë sheqer demerara

Përziejini së bashku miellin, sheqerin kaf të butë, pluhurin për pjekje dhe kripën dhe bëni një pus në qendër. Përziejini së bashku të gjithë përbërësit e mbetur përveç sheqerit demerara dhe përzieni në përbërësit e thatë derisa të përzihen. Mos e teproni. Hidhni me lugë në kafazët e kifleve (letra) ose në tepsi (tepsi) të lyer me yndyrë dhe spërkatni me sheqer demerara. E pjekim në furrë të parangrohur në 200°C/400°F/ markën 6 të gazit për 20 minuta derisa të ngrihet mirë dhe të bëhet elastik në prekje.

Kifle me mjedër

Bën 12

225 g/8 oz/2 gota miell të thjeshtë (për të gjitha qëllimet).

100 g/4 oz/½ filxhan sheqer (shumë i hollë).

10 ml/2 lugë lugë pluhur pjekjeje

2,5 ml/½ lugë e vogël kripë

200 g/7 oz mjedra

1 vezë e rrahur lehtë

250 ml/8 ml oz/1 filxhan qumësht

120 ml/4 ml oz/½ filxhan vaj vegjetal

Përziejini së bashku miellin, sheqerin, pluhurin për pjekje dhe kripën. Hidhni mjedrat dhe bëni një pus në qendër. Përziejini së bashku vezën, qumështin dhe vajin dhe hidhini në përbërësit e thatë. Përziejini butësisht derisa të gjithë përbërësit e thatë të përzihen, por përzierja të jetë ende me gunga. Mos e teproni. Përzierja hidhet me lugë në kuti (letra) ose në tepsi (tepsi) të lyer me yndyrë dhe piqeni në furrë të parangrohur në temperaturën 200°C/400°F/gaz 6 për 20 minuta derisa të skuqen mirë dhe të kenë elasticitet në prekje.

Kifle me mjedër dhe limon

Bën 12

175 g/6 oz/1½ filxhan miell të thjeshtë (për të gjitha qëllimet).

50 g/2 oz/¼ filxhan sheqer të grimcuar

50 g/2 oz/¼ filxhan sheqer kaf të butë

10 ml/2 lugë lugë pluhur pjekjeje

5 ml/1 lugë çaji kanellë të bluar

Një majë kripë

1 vezë e rrahur lehtë

100 g/4 oz/½ filxhan gjalpë ose margarinë, të shkrirë

120 ml/4 ml oz/½ filxhan qumësht

100 g/4 oz mjedra të freskëta

10 ml/2 lugë e vogël lëkure limoni të grirë

Për pjesën e sipërme:
75 g/3 oz/½ filxhan sheqer pluhur (të ëmbëlsirave), i situr

15 ml/1 lugë gjelle lëng limoni

Përziejini së bashku miellin, sheqerin e grirë, sheqerin kaf, pluhurin për pjekje, kanellën dhe kripën në një enë dhe bëni një pus në qendër. Shtoni vezën, gjalpin ose margarinën dhe qumështin dhe përziejini derisa përbërësit të bashkohen. Përzieni mjedrat dhe lëkurën e limonit. Hidhni me lugë në kuti (letra) ose në tepsi (tava) të lyer me yndyrë për kifle dhe piqini në një furrë të parangrohur në 180°C/350°F/gaz shenjë 4 për 20 minuta derisa të marrin ngjyrë kafe të artë dhe të marrin elasticitet në prekje. Përziejini së bashku sheqerin pluhur dhe lëngun e limonit për sipër dhe hidhini sipër kifleve të ngrohta.

Kifle Sulltaneshe

Bën 12

225 g/8 oz/2 gota miell të thjeshtë (për të gjitha qëllimet).

100 g/4 oz/½ filxhan sheqer (shumë i hollë).

100 g/4 oz/2/3 filxhan sulltane (rrush të thatë)

10 ml/2 lugë lugë pluhur pjekjeje

5 ml/1 lugë erëz e përzier e bluar (byrek me mollë).

2,5 ml/½ lugë e vogël kripë

1 vezë e rrahur lehtë

250 ml/8 ml oz/1 filxhan qumësht

120 ml/4 ml oz/½ filxhan vaj

Përziejini së bashku miellin, sheqerin, sulltanat, pluhurin për pjekje, erëzat e përziera dhe kripën dhe bëni një pus në qendër. Përziejini përbërësit e mbetur derisa të përzihen. Hidhni me lugë në kuti (letra) ose në tepsi (tava) të lyer me yndyrë për kifle dhe piqini në furrë të parangrohur në temperaturën 200°C/400°F/gaz 6 për 20 minuta derisa të ngrihen mirë dhe të kenë elasticitet në prekje.

Kifle me brekë

Bën 12

225 g/8 oz/2 gota miell të thjeshtë (për të gjitha qëllimet).

100 g/4 oz/½ filxhan sheqer kaf të butë

10 ml/2 lugë lugë pluhur pjekjeje

2,5 ml/½ lugë e vogël kripë

1 vezë e rrahur lehtë

175 ml/6 ml oz/¾ filxhan qumësht

60 ml/4 lugë gjelle e zezë (melasa)

120 ml/4 ml oz/½ filxhan vaj

Përziejini së bashku miellin, sheqerin, pluhurin për pjekje dhe kripën dhe bëni një pus në qendër. Përziejini përbërësit e mbetur derisa të përzihen. Mos e teproni. Hidhni me lugë në kapakë (letra) ose në tepsi (tepsi) të lyer me yndyrë për kifle dhe piqini në furrë të parangrohur në 200°C/400°F/gaz shenjë 6 për 20 minuta derisa të skuqen mirë dhe të kenë elasticitet në prekje.

Kifle me drekë dhe tërshërë

Bën 10

100 g/4 oz/1 filxhan miell të thjeshtë (për të gjitha qëllimet).

175 g/6 oz/1½ filxhan tërshërë të mbështjellë

100 g/4 oz/½ filxhan sheqer kaf të butë

15 ml/1 lugë gjelle pluhur për pjekje

5 ml/1 lugë çaji kanellë të bluar

2,5 ml/½ lugë e vogël kripë

1 vezë e rrahur lehtë

120 ml/4 ml oz/½ filxhan qumësht

60 ml/4 lugë gjelle e zezë (melasa)

75 ml/5 lugë gjelle vaj

Përziejini së bashku miellin, tërshërën, sheqerin, pluhurin për pjekje, kanellën dhe kripën dhe bëni një pus në qendër. Përziejini së bashku përbërësit e mbetur, më pas përzieni në përbërësit e thatë derisa të përzihen. Mos e teproni. Hidhni me lugë në kuti (letra) ose në tepsi (tepsi) të lyer me yndyrë për kifle dhe piqini në një furrë të parangrohur në 200°C/400°F/gaz shenjë 6 për 15 minuta derisa të ngrihen mirë dhe të kenë elasticitet në prekje.

Tërshëra të thekura

Bën 8

225 g/8 oz/2 filxhanë tërshërë të mbështjellë

100 g/4 oz/1 filxhan miell integral (gruri integrale).

5 ml/1 lugë kripë

5 ml/1 lugë lugë pluhur pjekjeje

50 g/2 oz/¼ filxhan sallo (shkurtim)

30 ml/2 lugë gjelle ujë të ftohtë

Përziejini së bashku përbërësit e thatë, më pas fërkojeni me sallo derisa masa të ngjajë me thërrimet e bukës. Hidhni ujë të mjaftueshëm për të bërë një brumë të fortë. Hapeni në një sipërfaqe të lyer lehtë me miell në një rreth 18 cm/7 dhe priteni në tetë feta. Vendoseni në një tepsi të lyer me yndyrë (cookie) dhe piqini në një furrë të nxehur më parë në 180°C/350°F/ markën 4 të gazit për 25 minuta. Shërbejeni me gjalpë, reçel ose marmelatë.

Omeleta me sfungjer luleshtrydhe

Bën 18

5 te verdha veze

75 g/3 oz/1/3 filxhan sheqer (shumë i hollë).

Një majë kripë

Lëkura e grirë e ½ limoni

4 te bardha veze

40 g/1½ oz/1/3 filxhan miell misri (miseshte misri)

40 g/1½ oz/1/3 filxhan miell të thjeshtë (për të gjitha qëllimet).

40 g/1½ oz/3 lugë gjelle gjalpë ose margarinë, të shkrirë

300 ml/½ pt/1¼ filxhan krem për rrahje

225 g/8 oz luleshtrydhe

Sheqer kremi (e ëmbëlsirave), i situr, për pluhurosje

Rrihni të verdhat e vezëve me 25 g/1 oz/ 2 lugë gjelle sheqer pluhur derisa të zbehet dhe të trashet, më pas rrihni kripën dhe lëkurën e limonit. Rrihni të bardhat e vezëve derisa të jenë të forta, më pas shtoni sheqerin e mbetur dhe vazhdoni të rrihni derisa të bëhen të ngurtë dhe me shkëlqim. Hidhni në të verdhat e vezëve, më pas hidhni miellin e misrit dhe miellin. Përzieni gjalpin e shkrirë ose margarinën. Transferoni përzierjen në një qese tubacioni me një grykë (majë) të thjeshtë 1 cm/½ dhe tubojeni në 15 cm/6 në rrathë në një fletë pjekjeje të lyer me yndyrë dhe të rreshtuar. E pjekim në furrë të parangrohur në 220°C/425°F/gaz 7 për 10 minuta derisa të marrin ngjyrë, por jo të marrin ngjyrë kafe. Lëreni të ftohet.

Rrihni kremin derisa të jetë i fortë. Vendosni një shtresë të hollë mbi gjysmën e çdo rrethi, vendosni luleshtrydhet sipër dhe përfundoni me më shumë krem. Palosni gjysmën e sipërme të 'omletave' sipër. E pudrosim me sheqer pluhur dhe e serviri m.

Ëmbëlsira me mente

Bën 12

100 g/4 oz/½ filxhan gjalpë ose margarinë, i zbutur

100 g/4 oz/½ filxhan sheqer (shumë i hollë).

2 vezë të rrahura lehtë

75 g/3 oz/¾ filxhan miell që ngrihet vetë

10 ml/2 lugë kakao (çokollatë pa sheqer).

Një majë kripë

225 g/8 oz/11/3 filxhanë sheqer pluhur (të ëmbëlsirave), i situr

30 ml/2 lugë gjelle ujë

Disa pika ngjyrues ushqimor jeshil

Disa pika esencë menteje (ekstrakt)

Mente me çokollatë, të përgjysmuara, për dekorim

Kremi së bashku gjalpin ose margarinën dhe sheqerin derisa të zbuten dhe të bëhen me gëzof, më pas rrihni gradualisht vezët. Hidhni miellin, kakaon dhe kripën. Hidhni me lugë në tepsi të lyer me yndyrë (tepsi) dhe piqini në një furrë të parangrohur në 200°C/400°F/gaz pikën 6 për 10 minuta derisa të preken. Lëreni të ftohet.

Shoshni pluhurin e sheqerit në një tas dhe përzieni në 15 ml/1 lugë gjelle ujë, më pas shtoni ngjyrën e ushqimit dhe esencën e mentes sipas shijes. Shtoni më shumë ujë nëse është e nevojshme për të dhënë një konsistencë që do të mbulojë pjesën e pasme të një luge. Përmbi ëmbëlsira shtrojmë kremin dhe dekorojmë me nenexhik çokollate.

Ëmbëlsira me rrush të thatë

Bën 12

175 g/6 oz/1 filxhan rrush të thatë

250 ml/8 ml oz/1 filxhan ujë

5 ml/1 lugë çaji bikarbonat sodë (sode buke)

100 g/4 oz/½ filxhan gjalpë ose margarinë, i zbutur

100 g/4 oz/½ filxhan sheqer kaf të butë

1 vezë e rrahur

5 ml/1 lugë esencë vanilje (ekstrakt)

200 g/7 oz/1¾ filxhan miell të thjeshtë (për të gjitha qëllimet).

5 ml/1 lugë lugë pluhur pjekjeje

Një majë kripë

Rrushin e thatë, ujin dhe sodën bikarbonate i vendosni të ziejnë në një tigan dhe më pas ziejini lehtë për 3 minuta. Lëreni të ftohet derisa të vakët. Kremi së bashku gjalpin ose margarinën dhe sheqerin derisa të zbehet dhe të bëhet me gëzof. Përzieni gradualisht thelbin e vezëve dhe vaniljes. Përzieni përzierjen me rrush të thatë, më pas përzieni miellin, pluhurin për pjekje dhe kripën. Përzierja hidhet me lugë në kuti (letra) ose në tepsi (tepsi) të lyer me yndyrë dhe piqeni në furrë të parangrohur në temperaturën 180°C/350°F/gaz 4 për 12-15 minuta derisa të skuqen mirë dhe të marrin ngjyrë kafe të artë.

Kaçurrela me rrush të thatë

Bën 24

225 g/8 oz/2 gota miell të thjeshtë (për të gjitha qëllimet).

Një majë erëze të përzier të bluar (byrek me mollë).

5 ml/1 lugë çaji bikarbonat sodë (sode buke)

225 g/8 oz/1 filxhan sheqer (shumë i hollë).

45 ml/3 lugë gjelle bajame të bluara

225 g/8 oz/1 filxhan gjalpë ose margarinë, të shkrirë

45 ml/3 lugë gjelle rrush të thatë

1 vezë e rrahur lehtë

Përziejini së bashku përbërësit e thatë, më pas përzieni gjalpin ose margarinën e shkrirë, më pas rrushin e thatë dhe vezën. Përziejini mirë në një pastë të fortë. Hapeni në një sipërfaqe të lyer lehtë me miell në trashësi rreth 5 mm/¼ dhe priteni në shirita 5 mm x 20 cm/¼ x 8 inç. Lyejeni sipërfaqen e sipërme lehtë me pak ujë dhe më pas rrotullojeni secilën shirit nga fundi i shkurtër. Vendoseni në një tepsi të lyer me yndyrë (biskota) dhe piqini në një furrë të parangrohur në 200°C/400°F/gaz shenjë 6 për 15 minuta derisa të marrin ngjyrë të artë.

Bukë me mjedër

Bën 12 simite

225 g/8 oz/2 gota miell të thjeshtë (për të gjitha qëllimet).

7,5 ml/½ lugë gjelle pluhur pjekjeje

2,5 ml/½ lugë erëza e përzier e bluar (byrek me mollë).

Një majë kripë

75 g/3 oz/1/3 filxhan gjalpë ose margarinë

75 g/3 oz/1/3 filxhan sheqer (super fine), plus shtesë për spërkatje

1 vezë

60 ml/4 lugë qumësht

60 ml/4 lugë gjelle reçel me mjedër (konservojeni)

Përziejini së bashku miellin, pluhurin për pjekje, erëzat dhe kripën, më pas lyeni me gjalpë ose margarinë derisa masa të ngjajë me thërrimet e bukës. Përzieni sheqerin. Përzieni vezën dhe qumështin sa të bëhet një brumë i fortë. Ndani në 12 topa dhe vendosini në një tepsi të lyer me yndyrë (biskota). Bëni një vrimë me gisht në qendër të secilës dhe hidhni me lugë pak reçel mjedër. Lyejeni me qumësht dhe spërkatni me sheqer pluhur. E pjekim në furrë të parangrohur në 220°C/425°F/gaz 7 për 10–15 minuta derisa të marrin ngjyrë të artë. Sipër i hidhni edhe pak reçel nëse është e nevojshme.

Ëmbëlsira me oriz kafe dhe luledielli

Bën 12

75 g/3 oz/¾ filxhan oriz kaf të gatuar

50 g/2 oz/½ filxhan fara luledielli

25 g/1 oz/¼ filxhan fara susami

40 g/1½ oz/¼ filxhan rrush të thatë

40 g/1½ oz/¼ filxhan qershi glace (të sheqerosura), të prera

25 g/1 oz/2 lugë gjelle sheqer kaf të butë

15 ml/1 lugë mjaltë i pastër

75 g/3 oz/1/3 filxhan gjalpë ose margarinë

5 ml/1 lugë çaji lëng limoni

Përzieni së bashku orizin, farat dhe frutat. Shkrini së bashku sheqerin, mjaltin, gjalpin ose margarinën dhe lëngun e limonit dhe përzieni në përzierjen e orizit. Hidhni me lugë 12 kuti për kek (letra cupcake) dhe piqini në një furrë të parangrohur në 200°C/400°F/gaz shenjën 6 për 15 minuta.

Ëmbëlsira me gurë

Bën 12

225 g/8 oz/2 gota miell të thjeshtë (për të gjitha qëllimet).

Një majë kripë

10 ml/2 lugë lugë pluhur pjekjeje

50 g/2 oz/¼ filxhan gjalpë ose margarinë

50 g/2 oz/¼ filxhan sallo (shkurtim)

100 g/4 oz/2/3 filxhan fruta të përziera të thata (përzierje për kek frutash)

100 g/4 oz/½ filxhan sheqer demerara

Lëkura e grirë e ½ limoni

1 vezë

15–30 ml/1–2 lugë gjelle qumësht

Përziejini së bashku miellin, kripën dhe pluhurin për pjekje, më pas lyeni me gjalpin ose margarinën dhe sallonë derisa masa të ngjajë me thërrimet e bukës. Përzieni frutat, sheqerin dhe lëkurën e limonit. Rrihni vezën me 15 ml/1 lugë qumësht, shtoni në përbërësit e thatë dhe përzieni në një brumë të fortë, duke shtuar qumësht shtesë nëse është e nevojshme. Vendosni grumbuj të vegjël të përzierjes në një tepsi të lyer me yndyrë (cookie) dhe piqeni në një furrë të parangrohur në 200°C/400°F/gaz shenjë 6 për 15–20 minuta derisa të marrin ngjyrë kafe të artë.

Ëmbëlsira me gurë pa sheqer

Bën 12

75 g/3 oz/1/3 filxhan gjalpë ose margarinë

175 g/6 oz/1¼ filxhan miell integral (gruri integrale)

50 g/2 oz/½ filxhan miell tërshërë

10 ml/2 lugë lugë pluhur pjekjeje

5 ml/1 lugë çaji kanellë të bluar

100 g/4 oz/2/3 filxhan sulltane (rrush të thatë)

Lëkura e grirë e 1 limoni

1 vezë e rrahur lehtë

90 ml/6 lugë qumësht

Fërkoni gjalpin ose margarinën në miell, pluhur pjekjeje dhe kanellë derisa përzierja të ngjajë me thërrimet e bukës. Përzieni sulltanet dhe lëkurën e limonit. Shtoni vezën dhe qumështin e mjaftueshëm për të bërë një përzierje të butë. Vendosni lugët në një tepsi të lyer me yndyrë (biskota) dhe piqini në një furrë të nxehur më parë në 200°C/400°F/gaz pikën 6 për 15–20 minuta derisa të marrin ngjyrë të artë.

Ëmbëlsira me shafran

Bën 12

Një majë shafran të bluar

75 ml/5 lugë gjelle ujë të vluar

75 ml/5 lugë gjelle ujë të ftohtë

100 g/4 oz/½ filxhan gjalpë ose margarinë, i zbutur

225 g/8 oz/1 filxhan sheqer (shumë i hollë).

2 vezë të rrahura lehtë

225 g/8 oz/2 gota miell të thjeshtë (për të gjitha qëllimet).

10 ml/2 lugë lugë pluhur pjekjeje

2,5 ml/½ lugë e vogël kripë

175 g/6 oz/1 filxhan sulltane (rrush të thatë)

175 g/6 oz/1 filxhan lëvozhgë të përzier (të ëmbëlsuar) të copëtuar

Ziejeni shafranin në ujë të vluar për 30 minuta dhe më pas shtoni ujin e ftohtë. Kremi së bashku gjalpin ose margarinën dhe sheqerin derisa të zbuten dhe të bëhen me gëzof, më pas rrihni gradualisht vezët. Përzieni miellin me pluhurin për pjekje dhe kripën, më pas përzieni 50 g/2 oz/½ filxhan të përzierjes së miellit me sulltanet dhe lëvozhgën e përzier. Përzieni miellin në masën e kremuar në mënyrë të alternuar me ujin e shafranit dhe më pas shtoni frutat. Hidhni me lugë në kuti (letra) për kifle ose në tepsi (tepsi) të lyera me yndyrë dhe miell dhe piqini në furrë të parangrohur në 190°C/375°F/gaz 5 për rreth 15 minuta derisa të preken.

Rum Baba

Bën 8

100 g/4 oz/1 filxhan miell të fortë (bukë).

5 ml/1 lugë lugë maja e tharë që përzihet lehtë

Një majë kripë

45 ml/3 lugë qumësht të ngrohtë

2 vezë të rrahura lehtë

50 g/2 oz/¼ filxhan gjalpë ose margarinë, të shkrirë

25 g/1 oz/3 lugë gjelle rrush pa fara

Për shurupin:

250 ml/8 ml oz/1 filxhan ujë

75 g/3 oz/1/3 filxhan sheqer të grimcuar

20 ml/4 lugë çaji lëng limoni

60 ml/4 lugë rum

Për glazurën dhe dekorimin:

60 ml/4 lugë gjelle reçel kajsie (ruajtur), i situr (i kulluar)

15 ml/1 lugë gjelle ujë

150 ml/¼ pt/2/3 filxhan me rrahje ose krem të dyfishtë (të rëndë).

4 qershi glace (të sheqerosura), të përgjysmuara

Disa shirita angjelike, të prera në trekëndësha

Përziejini së bashku miellin, majanë dhe kripën në një tas dhe bëni një pus në qendër. Përziejini së bashku qumështin, vezët dhe gjalpin ose margarinën, më pas rrihni në miell për të bërë një brumë të butë. Përzieni rrush pa fara. Hidheni brumin me lugë në tetë kallëpe unazash individuale të lyera me yndyrë dhe të lyer me miell (tepsi me tuba) në mënyrë që të vijë vetëm një e treta e kallëpeve lart. Mbulojeni me film ngjitës të lyer me vaj (mbështjellës plastik) dhe lëreni në një vend të ngrohtë për 30 minuta derisa brumi të ngjitet në majë të kallëpeve. E pjekim në furrë të parangrohur në 200°C/400°F/gaz 6 për 15 minuta derisa të marrin ngjyrë kafe të artë. Kthejini format përmbys dhe lërini të ftohen për 10 minuta, më pas hiqni ëmbëlsirat nga format dhe vendosini në një enë të madhe të cekët. I shpojini të gjitha me një pirun.

Për të bërë shurupin, ngrohni ujin, sheqerin dhe lëngun e limonit në zjarr të ngadaltë, duke i trazuar derisa sheqeri të tretet. Ngrini zjarrin dhe lëreni të vlojë. E heqim nga zjarri dhe e përziejmë rumin. Hidhni me lugë shurupin e nxehtë mbi ëmbëlsira dhe lëreni për 40 minuta të zhyten.

Ngroheni reçelin dhe ujin në zjarr të ngadaltë derisa të përzihen mirë. I lyejmë me furçë babat dhe i rregullojmë në një pjatë për servirje. Rrihni kremin dhe tubin në qendër të çdo keku. Dekoroni me qershi dhe angjelike.

Ëmbëlsira me top sfungjeri

Bën 24

5 te verdha veze

75 g/3 oz/1/3 filxhan sheqer (shumë i hollë).

7 te bardha veze

75 g/3 oz/¾ filxhan miell misri (miseshte misri)

50 g/2 oz/½ filxhan miell të thjeshtë (për të gjitha qëllimet).

Rrahim të verdhat e vezëve me 15 ml/ 1 lugë sheqer derisa të zbehet dhe të trashet. Rrihni të bardhat e vezëve derisa të jenë të ngurtësuara, më pas përzieni sheqerin e mbetur derisa të jetë e trashë dhe me shkëlqim. Palosni miellin e misrit, duke përdorur një lugë metalike. Palosni gjysmën e të verdhëve të vezëve në të bardhat, duke përdorur një lugë metalike, më pas palosni të verdhat e mbetura. Fusni me shumë butësi miellin. Transferoni përzierjen në një qese tubacioni me një grykë të thjeshtë 2,5 cm/1 dhe tubojeni në ëmbëlsira të rrumbullakëta, të ndara mirë, në një fletë pjekjeje të lyer me yndyrë dhe të rreshtuar. Piqni në furrë të parangrohur në 200°C/400°F/shënjimin e gazit 6 për 5 minuta, më pas ulni temperaturën e furrës në 180°C/350°F/shenja e gazit 4 për 10 minuta të tjera derisa të marrë ngjyrë kafe të artë dhe të marrë ngjyrë elastike. prekje.

Pandispa me çokollatë

Bën 12

5 te verdha veze

75 g/3 oz/1/3 filxhan sheqer (shumë i hollë).

7 te bardha veze

75 g/3 oz/¾ filxhan miell misri (miseshte misri)

50 g/2 oz/½ filxhan miell të thjeshtë (për të gjitha qëllimet).

60 ml/4 lugë gjelle reçel kajsie (ruajtur), i situr (i kulluar)

30 ml/2 lugë gjelle ujë

1 sasi Krem çokollate e zier

150 ml/¼ pt/2/3 filxhan krem për rrahje

Rrahim të verdhat e vezëve me 15 ml/1 lugë sheqer derisa të zbehet dhe të trashet. Rrihni të bardhat e vezëve derisa të jenë të ngurtësuara, më pas përzieni sheqerin e mbetur derisa të jetë e trashë dhe me shkëlqim. Palosni miellin e misrit, duke përdorur një lugë metalike. Palosni gjysmën e të verdhëve të vezëve në të bardhat, duke përdorur një lugë metalike, më pas palosni të verdhat e mbetura. Fusni me shumë butësi miellin. Transferoni përzierjen në një qese tubacioni me një grykë të thjeshtë 2,5 cm/1 dhe tubojeni në ëmbëlsira të rrumbullakëta, të ndara mirë, në një fletë pjekjeje të lyer me yndyrë dhe të rreshtuar. Piqeni në furrë të parangrohur në 200°C/400°F/ markën 6 për 5 minuta, më pas uleni temperaturën e furrës në 180°C/350°F/shenja e gazit 4 për 10 minuta të tjera derisa të marrë ngjyrë kafe të artë dhe të marrë ngjyrë elastike. prekje. Transferoni në një raft teli.

Ziejeni reçelin dhe ujin derisa të trashet dhe të përzihet mirë, më pas lyeni me furçë majat e ëmbëlsirave. Lëreni të ftohet. Zhytini pandispanjat në kremin e çokollatës dhe më pas lërini të ftohen. Rrihni kremin derisa të jetë i fortë, më pas vendosni sanduiç palë ëmbëlsira së bashku me kremin.

Topat e borës së verës

Bën 24

100 g/4 oz/½ filxhan gjalpë ose margarinë, i zbutur

100 g/4 oz/½ filxhan sheqer (shumë i hollë).

5 ml/1 lugë esencë vanilje (ekstrakt)

2 vezë të rrahura lehtë

225 g/8 oz/2 gota miell që ngrihet vetë

120 ml/4 ml oz/½ filxhan qumësht

120 ml/4 ml oz/½ filxhan krem i dyfishtë (i rëndë).

25 g/1 oz/3 lugë gjelle sheqer pluhur (të ëmbëlsirave), i situr

60 ml/4 lugë gjelle reçel kajsie (ruajtur), i situr (i kulluar)

30 ml/2 lugë gjelle ujë

150 g/5 oz/1¼ filxhan kokos të tharë (të copëtuar)

Kremi së bashku gjalpin ose margarinën dhe sheqerin derisa të jenë të lehta dhe me gëzof. Rrihni gradualisht esencën e vaniljes dhe vezët, më pas shtoni miellin në mënyrë alternative me qumështin. Hidheni masën me lugë në tepsi (tepsi) të lyer me yndyrë dhe piqeni në furrë të nxehur më parë në 180°C/350°F/gaz 4 për 15 minuta derisa të ngrihet mirë dhe të bëhet elastik në prekje. Transferoni në një raft teli për tu ftohur. Pritini majat nga kiflet.

Rrihni kremin dhe sheqerin pluhur derisa të jetë i ngurtë, më pas hidhni me pak lugë sipër çdo kifle dhe vendosni kapakun. Ngroheni reçelin me ujë derisa të përzihet, më pas lyeni sipër kifleve dhe spërkatni me bollëk kokosin.

Pika sfungjeri

Bën 12

3 vezë të rrahura

100 g/4 oz/½ filxhan sheqer (shumë i hollë).

2,5 ml/½ lugë esencë vanilje (ekstrakt)

100 g/4 oz/1 filxhan miell të thjeshtë (për të gjitha qëllimet).

5 ml/1 lugë lugë pluhur pjekjeje

100 g/4 oz/1/3 filxhan reçel me mjedër (ruajini)

150 ml/¼ pt/2/3 filxhan krem i dyfishtë (i rëndë), i rrahur

Sheqer kremi (e ëmbëlsirave), i situr, për pluhurosje

Vendosni vezët, sheqerin e pluhur dhe esencën e vaniljes në një enë rezistente ndaj nxehtësisë të vendosur mbi një tigan me ujë të zier dhe rrihni derisa masa të trashet. Hiqeni enën nga tigani dhe përzieni miellin dhe pluhurin për pjekje. Vendosni lugë të vogla të përzierjes në një tepsi të lyer me yndyrë (biskotë) dhe piqini në një furrë të parangrohur në 190°C/375°F/gaz 5 për 10 minuta derisa të marrin ngjyrë të artë. Transferoni në një raft teli dhe lëreni të ftohet. Sandwich pikat së bashku me reçelin dhe kremin dhe spërkatni me sheqer pluhur për t'i shërbyer.

Meringat bazë

Bën 6–8

2 te bardha veze

100 g/4 oz/½ filxhan sheqer (shumë i hollë).

Rrihni të bardhat e vezëve në një tas të pastër dhe pa yndyrë derisa të fillojnë të formojnë maja të buta. Shtoni gjysmën e sheqerit dhe vazhdoni të përzieni derisa masa të qëndrojë në maja të forta. Hidhni pak sheqerin e mbetur duke përdorur një lugë metalike. Rreshtoni një fletë pjekjeje (cookie) me pergamenë për pjekje dhe vendosni 6–8 grumbuj beze në fletë. Thajini marengat në temperaturën më të ulët të mundshme në furrë për 2-3 orë. Ftoheni në një raft teli.

Meringë bajamesh

Bën 12

2 te bardha veze

100 g/4 oz/½ sheqer (shumë i hollë).

100 g/4 oz/1 filxhan bajame të bluara

Disa pika esencë bajame (ekstrakt)

12 gjysma bajamesh per te dekoruar

Rrahim të bardhat e vezëve derisa të jenë të forta. Shtoni gjysmën e sheqerit dhe vazhdoni të përzieni derisa masa të formojë maja të forta. Hidhni në të sheqerin e mbetur, bajamet e bluara dhe thelbin e bajames. Lyejeni masën në 12 raunde në një tepsi të lyer me yndyrë dhe rreshtim (biskotë) dhe vendosni një gjysmë bajame sipër secilës. E pjekim në furrë të parangrohur në 130°C/250°F/gaz ½ për 2–3 orë derisa të bëhen të freskëta.

Biskota me beze me bajame spanjolle

Bën 16

225 g/8 oz/1 filxhan sheqer të grimcuar

225 g/8 oz/2 filxhanë bajame të bluara

1 e bardhe veze

100 g/4 oz/1 filxhan bajame të plota

Rrihni sheqerin, bajamet e bluara dhe të bardhën e vezës në një brumë të butë. Formoni në një top dhe rrafshoni brumin me një petull. Pritini në copa të vogla dhe vendosini në një tepsi të lyer me yndyrë (cookie). Shtypni një bajame të plotë në qendër të secilës biskotë (biskotë). E pjekim në furrë të parangrohur në 160°C/325°F/gaz 3 për 15 minuta.

Shporta Cuite Meringe

Bën 6

4 te bardha veze

225–250 g/8–9 oz/1 1/3–1½ filxhan sheqer pluhur (të ëmbëlsirave), i situr

Disa pika esencë vanilje (ekstrakt)

Rrihni të bardhat e vezëve në një enë të pastër, pa yndyrë dhe rezistente ndaj nxehtësisë derisa të bëhet shkumë, më pas hidhni gradualisht sheqerin pluhur të ndjekur nga esenca e vaniljes. Vendoseni tasin mbi një tigan me ujë të zier lehtë dhe përzieni derisa beza të mbajë formën e saj dhe të lërë një gjurmë të trashë kur të hiqet kamxhiku. Rreshtoni një fletë pjekjeje (cookie) me pergamenë për pjekje dhe vizatoni gjashtë 7,5 cm/3 në rrathë në letër. Duke përdorur gjysmën e përzierjes së marengës, hidhni me lugë një shtresë beze brenda çdo rrethi. Vendoseni pjesën e mbetur në një qese tubacioni dhe vendosni dy shtresa beze rreth skajit të secilës bazë. Thajeni në furrë të parangrohur në 150°C/300°F/gaz 2 për rreth 45 minuta.

Patate të skuqura bajamesh

Bën 10

2 te bardha veze

100 g/4 oz/½ filxhan sheqer (shumë i hollë).

75 g/3 oz/¾ filxhan bajame të bluara

25 g/1 oz/2 lugë gjelle gjalpë ose margarinë, e zbutur

50 g/2 oz/1/3 filxhan sheqer pluhur (të ëmbëlsirave), i situr

10 ml/2 lugë kakao (çokollatë pa sheqer).

50 g/2 oz/½ filxhan çokollatë e thjeshtë (gjysmë e ëmbël), e shkrirë

Rrahim të bardhat e vezëve derisa të formojnë maja të forta. Rrihni pak nga pak sheqerin e grirë. Palosni bajamet e bluara. Duke përdorur një grykë tubacioni 1 cm/½ (majë), derdhni përzierjen në gjatësi 5 cm/2 në një fletë pjekjeje të lyer me pak vaj (biskota). E pjekim në furrë të parangrohur në 140°C/275°F/gaz 1 për 1–1½ orë. Lëreni të ftohet.

Kremi së bashku me gjalpin ose margarinën, pluhurin e sheqerit dhe kakaon. Sanduiç palë biskota (biskota) së bashku me mbushjen. Shkrini çokollatën në një enë rezistente ndaj nxehtësisë mbi një tigan me ujë të zier lehtë. Zhyt majat e marengave në çokollatë dhe lëreni të ftohen në një raft teli.

Meringë spanjolle me bajame dhe limon

Bën 30

150 g/5 oz/1¼ filxhan bajame të zbardhura

2 te bardha veze

Lëkura e grirë e ½ limoni

200 g/7 oz/i pakët 1 filxhan sheqer (shumë i hollë).

10 ml/2 lugë çaji lëng limoni

Skuqini bajamet në një furrë të parangrohur në 150°C/300°F/gaz 2 për rreth 30 minuta derisa të marrin ngjyrë të artë dhe aromatike. Prisni një të tretën e arrave dhe grini imët pjesën e mbetur.

Rrahim të bardhat e vezëve derisa të jenë të forta. Hidhni lëkurën e limonit dhe dy të tretat e sheqerit. Shtoni lëngun e limonit dhe përzieni derisa të bëhet i fortë dhe me shkëlqim. Hidhni në të sheqerin e mbetur dhe bajamet e bluara. Palosni bajamet e grira. Vendosni lugët e bezës në një tepsi të lyer me yndyrë dhe petë (biskotë) dhe vendoseni në furrën e nxehur më parë. Uleni menjëherë temperaturën e furrës në 110°C/225°F/shenja e gazit ¼ dhe piqini për rreth 1½ orë derisa të thahet.

Meringa të mbuluara me çokollatë

Bën 4

2 te bardha veze

100 g/4 oz/½ filxhan sheqer (shumë i hollë).

100 g/4 oz/1 filxhan çokollatë e thjeshtë (gjysmë e ëmbël).

150 ml/¼ pt/2/3 filxhan krem i dyfishtë (i rëndë), i rrahur

Rrihni të bardhat e vezëve në një tas të pastër dhe pa yndyrë derisa të fillojnë të formojnë maja të buta. Shtoni gjysmën e sheqerit dhe vazhdoni të përzieni derisa masa të qëndrojë në maja të forta. Hidhni pak sheqerin e mbetur duke përdorur një lugë metalike. Rreshtoni një fletë pjekjeje (cookie) me pergamenë për pjekje dhe vendosni tetë grumbuj beze në fletë. Thajini marengat në temperaturën më të ulët të mundshme në furrë për 2-3 orë. Ftoheni në një raft teli.

Shkrini çokollatën në një tas rezistent ndaj nxehtësisë, të vendosur mbi një tigan me ujë të zier lehtë. Lëreni të ftohet pak. Zhytni me kujdes katër nga marengat në çokollatë në mënyrë që pjesa e jashtme të jetë e mbuluar. Lëreni të qëndrojë në letër yndyrore (të depiluar) derisa të qëndrojë. Sandwich një marengë të mbuluar me çokollatë dhe një beze të thjeshtë së bashku me kremin dhe më pas përsëriteni me marengat e mbetura.

Meringa me nenexhik me çokollatë

Bën 18

3 te bardha veze

100 g/4 oz/½ filxhan sheqer (shumë i hollë).

75 g/3 oz/¾ filxhan mente të copëtuara të mbuluara me çokollatë

Rrihni të bardhat e vezëve derisa të jenë të forta. Rrihni gradualisht sheqerin derisa të bardhat e vezëve të jenë të ngurtë dhe me shkëlqim. Palosni nenexhikët e grirë. Hidhni lugë të vogla të përzierjes në një fletë pjekjeje të lyer me yndyrë dhe rreshtim dhe piqini në furrë të parangrohur në 140°C/275°F/gaz 1 për 1½ orë derisa të thahet.

Meringa me çokollatë dhe arra

Bën 12

2 te bardha veze

175 g/6 oz/¾ filxhan sheqer (shumë i hollë).

50 g/2 oz/½ filxhan patate të skuqura çokollate

25 g/1 oz/¼ filxhan arra, të prera imët

Ngrohni furrën në 190°C/375°F/ markën e gazit 5. Rrihni të bardhat e vezëve derisa të formojnë maja të buta. Shtoni gradualisht sheqerin dhe rrihni derisa masa të formojë maja të forta. Palosni copëzat e çokollatës dhe arrat. Hidhni lugë nga përzierja në tepsi të lyer me yndyrë (cookie) dhe vendoseni në furrë. Fikni furrën dhe lëreni derisa të ftohet.

Meringat e lajthisë

Bën 12

100 g/4 oz/1 filxhan lajthi

2 te bardha veze

100 g/4 oz/½ filxhan sheqer (shumë i hollë).

Disa pika esencë vanilje (ekstrakt)

Rezervoni 12 arra për dekorim dhe copëtoni pjesën e mbetur. Rrahim të bardhat e vezëve derisa të jenë të forta. Shtoni gjysmën e sheqerit dhe vazhdoni të përzieni derisa masa të formojë maja të forta. Hidhni në të sheqerin e mbetur, lajthitë e bluara dhe thelbin e vaniljes. Lyejeni masën në 12 raunde në një tepsi të lyer me yndyrë dhe rreshtim (biskotë) dhe vendosni një arrë të rezervuar sipër secilës. E pjekim në furrë të parangrohur në 130°C/250°F/gaz ½ për 2–3 orë derisa të bëhen të freskëta.

Torte me shtrese beze me arra

Bën një tortë 23 cm/9

Për tortën:

50 g/2 oz/¼ filxhan gjalpë ose margarinë, të zbutur

150 g/5 oz/2/3 filxhan sheqer (shumë i hollë).

4 vezë të ndara

100 g/4 oz/1 filxhan miell të thjeshtë (për të gjitha qëllimet).

10 ml/2 lugë lugë pluhur pjekjeje

Një majë kripë

60 ml/4 lugë qumësht

5 ml/1 lugë esencë vanilje (ekstrakt)

50 g/2 oz/½ filxhan arra arra, të prera imët

Për kremin:

250 ml/8 ml oz/1 filxhan qumësht

50 g/2 oz/¼ filxhan sheqer (shumë i hollë).

50 g/2 oz/½ filxhan miell të thjeshtë (për të gjitha qëllimet).

1 vezë

Një majë kripë

120 ml/4 ml oz/½ filxhan krem i dyfishtë (i rëndë).

Për të bërë tortën, rrihni gjalpin ose margarinën me 100 g/4 oz/½ filxhan sheqer derisa të bëhet e lehtë dhe me gëzof. Rrihni gradualisht të verdhat e vezëve, më pas shtoni miellin, pluhurin për pjekje dhe kripën në mënyrë alternative me qumështin dhe thelbin e vaniljes. Hidhni dy lugë në tepsi (tepsi) të lyer me yndyrë dhe të rreshtuar 23 cm/9 dhe rrafshoni sipërfaqen. Rrihni të bardhat e vezëve derisa të jenë të forta, më pas shtoni sheqerin e mbetur dhe përzieni përsëri derisa të bëhen të ngurtë dhe me shkëlqim. Përhapeni mbi masën e tortës dhe spërkatni me arra. E pjekim në furrë të parangrohur në 150°C/300°F/gaz 3 për 45 minuta derisa marenga të thahet. Transferoni në një raft teli për tu ftohur.

Për të bërë kremin, përzieni pak qumështin me sheqerin dhe miellin. Qumështin e mbetur e vendosim të vlojë në një tigan, e hedhim sipër përzierjen e sheqerit dhe e përziejmë derisa të përzihet. Kthejeni qumështin në tiganin e shpëlarë dhe lëreni të vlojë duke e përzier vazhdimisht, më pas ziejini duke e trazuar derisa të trashet. E heqim nga zjarri dhe e rrahim vezën dhe kripën dhe e lëmë të ftohet pak. Rrihni kremin derisa të jetë i fortë, më pas futeni në masë. Lëreni të ftohet. Sandwich ëmbëlsira së bashku me krem.

Feta makarona lajthie

Bën 20

175 g/6 oz/1½ filxhan lajthi, të qëruara

3 te bardha veze

225 g/8 oz/1 filxhan sheqer (shumë i hollë).

5 ml/1 lugë esencë vanilje (ekstrakt)

5 ml/1 lugë çaji kanellë të bluar

5 ml/1 lugë e vogël lëkure limoni të grirë

Letër orizi

Prisni përafërsisht 12 nga lajthitë, më pas grijeni pjesën e mbetur derisa të shtypen imët. Rrihni të bardhat e vezëve derisa të bëhen të lehta dhe të shkumëzuara. Shtoni gradualisht sheqerin dhe vazhdoni ta rrihni derisa masa të formojë maja të forta. Palosni lajthitë, thelbin e vaniljes, kanellën dhe lëkurën e limonit. Hidhni lugë çaji të grumbulluara në një fletë pjekjeje (cookie) të veshur me letër orizi, më pas rrafshoni në shirita të hollë. Lëreni të qëndrojë për 1 orë. E pjekim në furrë të parangrohur në 180°C/350°F/gaz 4 për 12 minuta derisa të jetë e fortë në prekje.

Shtresa e Meringes dhe Arres

Bën një tortë 25 cm/10

100 g/4 oz/½ filxhan gjalpë ose margarinë, i zbutur

400 g/14 oz/1¾ filxhan sheqer (shumë i hollë).

3 te verdha veze

100 g/4 oz/1 filxhan miell të thjeshtë (për të gjitha qëllimet).

10 ml/2 lugë lugë pluhur pjekjeje

120 ml/4 ml oz/½ filxhan qumësht

100 g/4 oz/1 filxhan arra

4 te bardha veze

250 ml/8 ml oz/1 filxhan krem i dyfishtë (i rëndë).

5 ml/1 lugë esencë vanilje (ekstrakt)

Pluhur kakao (çokollatë pa sheqer) për pluhurosje

Kremi së bashku gjalpin ose margarinën dhe 75 g/3 oz/¾ filxhan sheqer derisa të bëhen të lehta dhe me gëzof. Rrihni gradualisht të verdhat e vezëve, më pas shtoni miellin dhe pluhurin për pjekje në mënyrë alternative me qumështin. E hedhim brumin me lugë në dy tepsi (tepsi) të lyer me yndyrë dhe miell 25 cm/10. Rezervoni disa gjysma arrash për dekorim, pjesën e mbetur e prisni imët dhe spërkatni mbi ëmbëlsira. Rrihni të bardhat e vezëve derisa të jenë të forta, më pas shtoni sheqerin e mbetur dhe përzieni përsëri derisa të trashet dhe të shkëlqejë. I lyejmë sipër ëmbëlsirave dhe i pjekim në furrë të parangrohur në 180°C/350°F/gaz 4 për 25 minuta, duke e mbuluar kekun me letër yndyre (të dylluar) deri në fund të gatimit nëse edhe meringa fillon të skuqet. shumë. Lërini të ftohen në format, më pas kthejini ëmbëlsirat me marengën sipër.

Rrihni së bashku kremin dhe thelbin e vaniljes derisa të jenë të forta. Sandwich ëmbëlsirat së bashku, me beze lart, me gjysmën e kremit dhe lyejeni pjesën e mbetur sipër. Dekorojeni me arrat e rezervuara dhe spërkatni me kakao të situr.

Malet e Meringut

Bën 6

2 te bardha veze

100 g/4 oz/½ filxhan sheqer (shumë i hollë).

150 ml/¼ pt/2/3 filxhan krem i dyfishtë (i rëndë).

350 g/12 oz luleshtrydhe, të prera në feta

25 g/1 oz/¼ filxhani çokollatë e thjeshtë (gjysmë e ëmbël), e grirë

Rrihni të bardhat e vezëve derisa të jenë të forta. Shtoni gjysmën e sheqerit dhe rrihni derisa të trashë dhe me shkëlqim. Hidhni sheqerin e mbetur. Vendosni gjashtë rrathë beze në pergamenën e pjekjes në një fletë pjekjeje (cookie). Piqni në furrë të parangrohur në 140°C/275°F/ shenjën 1 të gazit për 45 minuta derisa të marrin ngjyrë të artë të zbehtë dhe të freskët. Pjesa e brendshme do të mbetet mjaft e butë. Hiqeni nga fleta dhe ftoheni në një raft teli.

Rrihni kremin derisa të jetë i fortë. Vendoseni gjysmën e kremit me tub ose lugë mbi rrathët e marengës, sipër lyeni frutat dhe më pas dekorojeni me kremin e mbetur. Sipër spërkatni çokollatën e grirë.

Meringa me krem me mjedër

Shërben 6

2 te bardha veze

100 g/4 oz/½ filxhan sheqer (shumë i hollë).

150 ml/¼ pt/2/3 filxhan krem i dyfishtë (i rëndë).

30 ml/2 lugë gjelle sheqer pluhur (të ëmbëlsirave).

225 g/8 oz mjedra

Rrihni të bardhat e vezëve në një tas të pastër dhe pa yndyrë derisa të fillojnë të formojnë maja të buta. Shtoni gjysmën e sheqerit dhe vazhdoni të përzieni derisa masa të qëndrojë në maja të forta. Hidhni pak sheqerin e mbetur, duke përdorur një lugë metalike. Rreshtoni një fletë pjekjeje (cookie) me pergamenë për pjekje dhe vendosni rrotullat e vogla të bezesë në fletë. Thajini marengat në temperaturën më të ulët të mundshme në furrë për 2 orë. Ftoheni në një raft teli.

Rrihni kremin me sheqer pluhur derisa të jetë i ngurtë dhe më pas hidhni mjedrat. Përdoreni për sanduiçin e çifteve të bezeve së bashku dhe grumbullojini në një pjatë servirjeje.

Ëmbëlsira Ratafia

Bën 16

3 te bardha veze

100 g/4 oz/1 filxhan bajame të bluara

225 g/8 oz/1 filxhan sheqer (shumë i hollë).

Rrihni të bardhat e vezëve derisa të jenë të forta. Hidhni në të bajamet dhe gjysmën e sheqerit dhe rrihni përsëri derisa të jenë të forta. Hidhni sheqerin e mbetur. Vendosni kokrra të vogla në një tepsi të lyer me yndyrë dhe rreshtim (biskota) dhe piqini në një furrë të parangrohur në 150°C/300°F/gaz shenjë 2 për 50 minuta derisa skajet të thahen dhe të jenë të freskëta.

Karamel Vacherin

Bën një tortë 23 cm/9

4 te bardha veze

225 g/8 oz/1 filxhan sheqer kaf të butë

50 g/2 oz/½ filxhan lajthi, të copëtuara

300 ml/½ pt/1¼ filxhan krem i dyfishtë (i rëndë).

Disa lajthi të plota për të dekoruar

Rrahim të bardhat e vezëve derisa të mbajnë maja të buta. Gradualisht përzieni sheqerin derisa të bëhet i fortë dhe me shkëlqim. Hidheni me lugë marengën në një qese tubacioni të pajisur me një grykë të thjeshtë 1 cm/½ në grykë (majë) dhe tuboni dy 23 cm/9 në spirale beze në një fletë pjekjeje të lyer me yndyrë dhe të rreshtuar (biskota). Spërkateni me 15 ml/1 lugë gjelle arra të grira dhe piqini në furrë të parangrohur në 120°C/250°F/gaz ½ për 2 orë derisa të jenë të freskëta. Transferoni në një raft teli për tu ftohur.

Rrihni kremin derisa të jetë i fortë, më pas palosni arrat e mbetura. Përdorni pjesën më të madhe të kremit për t'i bashkuar së bashku rrumbullakët e marengës, më pas dekorojeni me kremin e mbetur dhe sipër me lajthitë e plota.

Scones thjeshtë

Bën 10

225 g/8 oz/2 gota miell të thjeshtë (për të gjitha qëllimet).

Një majë kripë

2,5 ml/½ lugë çaji bikarbonat sode (sode buke)

5 ml/1 lugë çaji krem tartar

50 g/2 oz/¼ filxhan gjalpë ose margarinë, të prerë në kubikë

30 ml/2 lugë qumësht

30 ml/2 lugë gjelle ujë

Përzieni së bashku miellin, kripën, bikarbonatin e sodës dhe kremin e tartarit. Lyejeni me gjalpë ose margarinë. Ngadalë shtoni qumështin dhe ujin derisa të keni një brumë të butë. Ziejini shpejt në një sipërfaqe të lyer me miell derisa të jetë e lëmuar, më pas hapeni deri në 1 cm/½ trashësi dhe priteni në 5 cm/2 në rrumbullakët me një prerës për biskota (biskota). Vendosini biskotat (biskotat) në një tepsi të lyer me yndyrë (biskota) dhe piqini në një furrë të parangrohur në 230°C/450°F/gaz pikën 8 për rreth 10 minuta derisa të skuqen mirë dhe të marrin ngjyrë kafe të artë.

Këpucë të pasura me vezë

Bën 12

50 g/2 oz/¼ filxhan gjalpë ose margarinë

225 g/8 oz/2 gota miell që ngrihet vetë

10 ml/2 lugë lugë pluhur pjekjeje

25 g/1 oz/2 lugë gjelle sheqer (superfine).

1 vezë e rrahur lehtë

100 ml/3½ floz/6½ lugë gjelle qumësht

Fërkoni gjalpin ose margarinën në miell dhe pluhur pjekjeje. Përzieni sheqerin. Përzieni vezën dhe qumështin derisa të keni një brumë të butë. Ziejini lehtë në një sipërfaqe të lyer me miell, më pas hapeni në trashësi rreth 1 cm/½ dhe priteni në 5 cm/2 në rrumbullakët me një prerës për biskota (biskota). Rrokullisni përsëri prerjet dhe prisni. Vendosni biskotat (biskotat) në një tepsi të lyer me yndyrë (biskota) dhe piqini në një furrë të parangrohur në 230°C/450°F/gaz 8 për 10 minuta ose derisa të marrin ngjyrë të artë.

Scones Apple

Bën 12

225 g/8 oz/2 gota miell integral (gruri integrale).

20 ml/1½ lugë gjelle pluhur për pjekje

Një majë kripë

50 g/2 oz/¼ filxhan gjalpë ose margarinë

30 ml/2 lugë gjelle mollë gatimi (tartë) e grirë

1 vezë e rrahur

150 ml/¼ pt/2/3 filxhan qumësht

Përziejini së bashku miellin, pluhurin për pjekje dhe kripën. Fërkoni me gjalpë ose margarinë, më pas përzieni mollën. Përzieni gradualisht vezën dhe qumështin për të bërë një brumë të butë. Hapeni në një sipërfaqe të lyer lehtë me miell me trashësi rreth 5 cm/2 dhe priteni në rrumbullakët me një prestar për biskota. Vendosni biskotat (biskotat) në një fletë pjekjeje të lyer me yndyrë (biskotë) dhe lyeni me çdo vezë të mbetur. E pjekim në furrë të parangrohur në 200°C/400°F/gaz 6 për 12 minuta derisa të skuqen lehtë.

Skonat e mollës dhe kokosit

Bën 12

50 g/2 oz/¼ filxhan gjalpë ose margarinë

225 g/8 oz/2 gota miell që ngrihet vetë

25 g/1 oz/2 lugë gjelle sheqer (superfine).

30 ml/2 lugë gjelle arrë kokosi të tharë (të grirë).

1 mollë e ngrënë (ëmbëlsirë), e qëruar, e prerë dhe e prerë

150 ml/¼ pt/2/3 filxhan kos të thjeshtë

30 ml/2 lugë qumësht

Fërkoni gjalpin ose margarinën në miell. Hidhni sheqerin, kokosin dhe mollën, më pas përzieni me kosin për të bërë një brumë të butë, duke shtuar pak qumësht nëse është e nevojshme. Hapeni në një sipërfaqe të lyer lehtë me miell me trashësi rreth 2,5 cm/1 dhe priteni në rrumbullakët me një prestar për biskota (biskota). Vendosini biskotat (biskotat) në një tepsi të lyer me yndyrë (biskota) dhe piqini në një furrë të nxehur më parë në 220°C/425°F/gaz mark 7 për 10–15 minuta derisa të skuqen mirë dhe të marrin ngjyrë të artë.

Mollë dhe Date Scones

Bën 12

50 g/2 oz/¼ filxhan gjalpë ose margarinë

225 g/8 oz/2 gota miell të thjeshtë (për të gjitha qëllimet).

5 ml/1 lugë erëz e përzier (byrek me mollë).

5 ml/1 lugë çaji krem tartar

2,5 ml/½ lugë çaji bikarbonat sode (sode buke)

25 g/1 oz/2 lugë gjelle sheqer kaf të butë

1 mollë e vogël gatimi (tartë), e qëruar, e prerë dhe e prerë

50 g/2 oz/1/3 filxhan hurma me gurë, të copëtuara

45 ml/3 lugë qumësht

Fërkoni gjalpin ose margarinën në miell, erëza të përziera, kremin e tartarit dhe bikarbonatin e sodës. Hidhni sheqerin, mollën dhe hurmat, më pas shtoni qumështin dhe përzieni në një brumë të butë. Ziejini lehtë, më pas hapeni në një sipërfaqe të lyer me miell në trashësi 2,5 cm/1 dhe priteni në formë rrumbullake me një prerës për biskota (biskota). Vendosini biskotat (biskotat) në një tepsi të lyer me yndyrë (biskota) dhe piqini në një furrë të parangrohur në 220°C/425°F/gaz mark 7 për 12 minuta derisa të skuqen dhe të marrin ngjyrë kafe të artë.

Scones elbi

Bën 12

175 g/6 oz/1½ filxhan miell elbi

50 g/2 oz/½ filxhan miell të thjeshtë (për të gjitha qëllimet).

Një majë kripë

2,5 ml/½ lugë çaji bikarbonat sode (sode buke)

2,5 ml/½ lugë e vogël krem tartar

25 g/1 oz/2 lugë gjelle gjalpë ose margarinë

25 g/1 oz/2 lugë gjelle sheqer kaf të butë

100 ml/3½ floz/6½ lugë gjelle qumësht

E verdha e vezës në glazurë

Përziejini së bashku miellrat, kripën, bikarbonatin e sodës dhe kremin e tartarit. Fërkojeni me gjalpë ose margarinë derisa përzierja të ngjajë me thërrimet e bukës, më pas përzieni sheqerin dhe qumështin e mjaftueshëm për të bërë një brumë të butë. Hapeni në një sipërfaqe të lyer lehtë me miell në trashësi 2 cm/¾ dhe priteni në rrumbullakët me një prerës për biskota (biskota). Vendosni kokrrat (biskotën) në një tepsi të lyer me yndyrë (biskotë) dhe lyeni me të verdhën e vezës. E pjekim në furrë të parangrohur në 220°C/425°F/gaz 7 për 10 minuta derisa të marrin ngjyrë të artë.

Date Scones

Bën 12

225 g/8 oz/2 gota miell integral (gruri integrale).

2,5 ml/½ lugë çaji bikarbonat sode (sode buke)

2,5 ml/½ lugë e vogël krem tartar

2,5 ml/½ lugë e vogël kripë

40 g/1½ oz/3 lugë gjelle gjalpë ose margarinë

15 ml/1 lugë gjelle sheqer (superfine).

100 g/4 oz/2/3 filxhan hurma me gurë, të copëtuara

Rreth 100 ml/3½ floz/6½ lugë gjelle dhallë

Përzieni së bashku miellin, bikarbonatin e sodës, ajkën e tartarit dhe kripën. Lyejeni gjalpin ose margarinën, më pas përzieni sheqerin dhe hurmat dhe bëni një pus në qendër. Gradualisht, përzieni qumështin në sasi të mjaftueshme për të bërë një brumë mesatarisht të butë. Hapeni trashë dhe priteni në trekëndësha. Vendosini biskotat (biskotat) në një tepsi të lyer me yndyrë (biskotë) dhe piqini në një furrë të parangrohur në 230°C/450°F/gaz 8 për 20 minuta derisa të marrin ngjyrë të artë.

Herby Scones

Bën 8

175 g/6 oz/¾ filxhan gjalpë ose margarinë

225 g/8 oz/2 gota miell të fortë (bukë).

15 ml/1 lugë lugë pluhur pjekjeje

Një majë kripë

5 ml/1 lugë çaji sheqer kaf të butë

30 ml/2 lugë gjelle barishte të thata të përziera

60 ml/4 lugë qumësht ose ujë

Qumësht për larje

Fërkoni gjalpin ose margarinën në miell, pluhur pjekjeje dhe kripë derisa masa të ngjajë me thërrimet e bukës. Përzieni sheqerin dhe barishtet. Shtoni aq qumësht ose ujë për të bërë një brumë të butë. Hapeni në një sipërfaqe të lyer lehtë me miell në trashësi rreth 2 cm/¾ dhe priteni në rrumbullakët me një prestar për biskota (biskota). Vendosni biskotat (biskotat) në një tepsi të lyer me yndyrë (biskotë) dhe lyeni sipër me qumësht. E pjekim në furrë të parangrohur në 200°C/400°F/gaz 6 për 10 minuta derisa të skuqen mirë dhe të marrin ngjyrë kafe të artë.

Bukë e thekrës bavareze

Bën dy bukë 450 g/1 paund

Për brumin e thartë:

150 g/5 oz/1¼ filxhan miell thekre

5 ml/1 lugë maja e thatë

150 ml/¼ pt/2/3 filxhan ujë të ngrohtë

Për bukën:

550 g/1¼ lb/5 gota miell integral (gruri integrale)

50 g/2 oz/½ filxhan miell thekre

5 ml/1 lugë kripë

25 g/1 oz maja e freskët ose 40 ml/ 2½ lugë maja e thatë

350 ml/12 ml oz/1½ filxhan ujë të ngrohtë

30 ml/2 lugë fara qimnon

Pak miell të përzier në masë me ujë

Për të bërë brumin e thartë, përzieni miellin e thekrës, majanë dhe ujin derisa të jetë e qartë. Mbulojeni dhe lëreni gjatë natës.

Për të bërë bukën, përzieni miellin dhe kripën. Përziejmë majanë me ujin e ngrohtë dhe ia shtojmë miellit me brumin e thartë. Përzieni gjysmën e farave të qimnonit dhe përzieni në brumë. Ziejini mirë derisa të bëhen elastike dhe të mos ngjiten më. Vendoseni në një enë të lyer me vaj, mbulojeni me film ngjitës të lyer me vaj (mbështjellës plastik) dhe lëreni në një vend të ngrohtë për rreth 30 minuta derisa të dyfishohet në madhësi.

Ziejini sërish, formoni dy peta 450 g/1 lb dhe vendosini në një tepsi të lyer me yndyrë (cookie). Lyejeni me furçë me miellin dhe pastën e ujit dhe spërkatni me farat e mbetura të qimnonit. Mbulojeni me film të lyer me vaj dhe lëreni të ngrihet për 30 minuta.

E pjekim në furrë të parangrohur në 230°C/450°F/gaz 8 për 30 minuta derisa të marrin ngjyrë të artë të errët dhe të tingëllojë boshe kur trokitni mbi bazën.

Bukë e lehtë thekre

Bën një bukë 675 g/1½ paund

15 g/½ oz maja e freskët ose 20 ml/ 4 lugë maja të thata

5 ml/1 lugë çaji sheqer (shumë i imët).

150 ml/¼ pt/2/3 filxhan ujë të ngrohtë

225 g/8 oz/2 gota miell thekre

400 g/14 oz/3½ filxhanë miell të thjeshtë (bukë).

10 ml/2 lugë kripë

300 ml/½ pt/1¼ filxhan qumësht të ngrohtë

1 e verdhë veze e rrahur

5 ml/1 lugë fara lulekuqeje

Përzieni majanë me sheqerin dhe ujin dhe lëreni në një vend të ngrohtë derisa të bëhet shkumë. Përzieni miellin dhe kripën dhe bëni një pus në qendër. Hidhni përzierjen e qumështit dhe majave dhe përzieni në një brumë të fortë. Ziejini në një sipërfaqe të lyer pak me miell derisa të jetë e lëmuar dhe elastike. Vendoseni në një tas të lyer me vaj, mbulojeni me film ngjitës të lyer me vaj (mbështjellës plastik) dhe lëreni në një vend të ngrohtë për rreth 1 orë derisa të dyfishohet në masë.

Ziejeni përsëri lehtë, më pas formoni një petë të gjatë dhe vendoseni në një tepsi të lyer me yndyrë (cookie). Mbulojeni me film të lyer me vaj dhe lëreni të ngrihet për 30 minuta.

Lyejeni me të verdhën e vezës dhe spërkatni me farat e lulekuqes. E pjekim në furrë të parangrohur në 200°C/400°F/gaz 6 për 20 minuta. Uleni temperaturën e furrës në 190°C/375°F/gaz shenjën

5 dhe piqni edhe për 15 minuta të tjera derisa buka të ketë tingull të zbrazët kur trokitni mbi bazën.

Bukë thekre me mikrob gruri

Bën një bukë 450 g/1 paund

15 g/½ oz maja e freskët ose 20 ml/ 4 lugë maja të thata

5 ml/1 lugë sheqer

450 ml/¾ pt/2 gota ujë të ngrohtë

350 g/12 oz/3 gota miell thekre

225 g/8 oz/2 gota miell të thjeshtë (për të gjitha qëllimet).

50 g/2 oz/½ filxhan embrion gruri

10 ml/2 lugë kripë

45 ml/3 lugë gjelle e zezë (melasa)

15 ml/1 lugë gjelle vaj

Përzieni majanë me sheqerin dhe pak nga uji i ngrohtë dhe më pas lëreni në një vend të ngrohtë derisa të bëhet shkumë. Përziejini së bashku miellrat, miellin e grurit dhe kripën dhe bëni një pus në qendër. Përzieni masën e majasë me kërpudhat dhe vajin dhe përzieni në një brumë të butë. Hidheni në një sipërfaqe të lyer me miell dhe ziejini për 10 minuta derisa të jenë të lëmuara dhe elastike, ose përpunojeni në një përpunues ushqimi. Vendoseni në një tas të lyer me vaj, mbulojeni me film ngjitës të lyer me vaj (mbështjellës plastik) dhe lëreni në një vend të ngrohtë për rreth 1 orë derisa të dyfishohet në madhësi.

Ziejeni përsëri, më pas formoni një petë dhe vendoseni në një tepsi të lyer me yndyrë (cookie). Mbulojeni me film ngjitës të lyer me vaj dhe lëreni të ngrihet derisa të dyfishohet në masë.

E pjekim në furrë të parangrohur në 220°C/425°F/gaz 7 për 15 minuta. Uleni temperaturën e furrës në 190°C/375°F/shënjimin e gazit 5 dhe piqni edhe për 40 minuta të tjera derisa peta të tingëllojë e zbrazët kur trokitni mbi bazën.

Sally Lunn

Bën dy bukë 450 g/1 paund

500 ml/16 ml oz/2 gota qumësht

25 g/1 oz/2 lugë gjelle gjalpë ose margarinë

30 ml/2 lugë gjelle sheqer (superfine).

10 ml/2 lugë kripë

20 ml/4 lugë maja të thata

60 ml/4 lugë gjelle ujë të ngrohtë

900 g/2 lb/8 gota miell të fortë (bukë).

3 vezë të rrahura

Qumështin e lëmë pothuajse të ziejë, më pas shtojmë gjalpin ose margarinën, sheqerin dhe kripën dhe e trazojmë mirë. Lëreni të ftohet derisa të vakët. Shpërndani majanë në ujin e ngrohtë. Vendosni miellin në një tas të madh dhe përzieni qumështin, majanë dhe vezët. Përziejini në një brumë të butë dhe gatuajeni derisa të bëhet elastik dhe të mos ngjitet më. Mbulojeni me film ngjitës të lyer me vaj (mbështjellës plastik) dhe lëreni të ngrihet për 30 minuta.

Ziejeni përsëri brumin, më pas mbulojeni dhe lëreni të ngrihet. E gatuajmë për herë të tretë, më pas e mbulojmë dhe e lëmë të ngrihet.

Formoni brumin dhe vendoseni në dy tepsi (tepsi) të lyer me yndyrë 450 g/1 lb. Mbulojeni dhe lëreni të ngrihet derisa të dyfishohet në masë. Piqini në furrë të parangrohur në 190°C/375°F/gaz 5 për 45 minuta derisa sipër të marrin ngjyrë të artë dhe bukët të tingëllojnë të zbrazëta kur trokitni mbi bazën.

Bukë Samos

Bën tre bukë 450 g/1 paund

15 g/½ oz maja e freskët ose 20 ml/ 4 lugë maja të thata

15 ml/1 lugë ekstrakt malti

600 ml/1 pt/2½ filxhan ujë të ngrohtë

25 g/1 oz/2 lugë gjelle yndyrë bimore (shkurtim)

900 g/2 lb/8 gota miell integral (grurë integrale).

30 ml/2 lugë qumësht pluhur (qumësht i thatë pa yndyrë)

10 ml/2 lugë kripë

15 ml/1 lugë mjaltë i pastër

50 g/2 oz/½ filxhan fara susami, të pjekura

25 g/1 oz/¼ filxhan fara luledielli, të pjekura

Përzieni majanë me ekstraktin e maltit dhe pak nga uji i ngrohtë dhe lëreni në një vend të ngrohtë për 10 minuta derisa të bëhet shkumë. Fërkoni yndyrën në miell dhe qumësht pluhur, më pas përzieni kripën dhe bëni një pus në qendër. Hidhni në të masën e majave, ujin e mbetur të ngrohtë dhe mjaltin dhe përzieni në brumë. Ziejini mirë derisa të jenë të lëmuara dhe elastike. Shtoni farat dhe gatuajeni edhe për 5 minuta të tjera derisa të përzihen mirë. Formoni tre petë 450 g/1 lb dhe vendosini në një tepsi të lyer me yndyrë (biskota). Mbulojeni me film ngjitës të lyer me vaj (mbështjellës plastik) dhe lëreni në një vend të ngrohtë për 40 minuta derisa të dyfishohet në masë.

Piqni në një furrë të nxehur më parë në 230°F/450°F/shënjimin e gazit 8 për 30 minuta derisa të marrin ngjyrë kafe të artë dhe të tingëllojë boshe kur trokitni mbi bazën.

Baps susam

Bën 12

25 g/1 oz maja e freskët ose 40 ml/ 2½ lugë maja e thatë

5 ml/1 lugë çaji sheqer (shumë i imët).

150 ml/¼ pt/2/3 filxhan qumësht të ngrohtë

450 g/1 lb/4 gota miell të fortë (bukë).

5 ml/1 lugë kripë

25 g/1 oz/2 lugë gjelle sallo (shkurtim)

150 ml/¼ pt/2/3 filxhan ujë të ngrohtë

30 ml/2 lugë fara susami

Përzieni majanë me sheqerin dhe pak qumështin e ngrohtë dhe lëreni në një vend të ngrohtë derisa të bëhet shkumë. Përzieni miellin dhe kripën në një tas, fërkoni me sallo dhe bëni një pus në qendër. Hidhni masën e majave, qumështin e mbetur dhe ujin dhe përzieni në një brumë të butë. Hidheni në një sipërfaqe të lyer me miell dhe ziejini për 10 minuta derisa të jenë të lëmuara dhe elastike, ose përpunojeni në një përpunues ushqimi. Vendoseni në një tas të lyer me vaj, mbulojeni me film ngjitës të lyer me vaj (mbështjellës plastik) dhe lëreni në një vend të ngrohtë për rreth 1 orë derisa të dyfishohet në masë.

Përziejini përsëri dhe formoni 12 role, i rrafshoni pak dhe i rregulloni në një tepsi të lyer me yndyrë (biskotë). Mbulojeni me film ngjitës të lyer me vaj (mbështjellës plastik) dhe lëreni në një vend të ngrohtë për 20 minuta.

E lyejmë me ujë, e spërkasim me fara dhe e pjekim në furrë të parangrohur në 220°C/425°F/gaz 7 për 15 minuta derisa të marrin ngjyrë të artë.

Fillues i brumit të thartë

Bën rreth 450 g/1 lb

450 ml/¾ pt/2 gota ujë të vakët

25 g/1 oz maja e freskët ose 40 ml/ 2½ lugë maja e thatë

225 g/8 oz/2 gota miell të thjeshtë (për të gjitha qëllimet).

2,5 ml/½ lugë e vogël kripë

Për të ushqyer:

225 g/8 oz/2 gota miell të thjeshtë (për të gjitha qëllimet).

450 ml/¾ pt/2 gota ujë të vakët

Përziejini së bashku përbërësit kryesorë në një tas, mbulojeni me muslin dhe lëreni në një vend të ngrohtë për 24 orë. Shtoni 50 g/2 oz/½ filxhan miell të thjeshtë dhe 120 ml/4 floz/½ filxhan ujë të vakët, mbulojeni dhe lëreni për 24 orë të tjera. Përsëriteni tre herë, deri në të cilën përzierja duhet të marrë erë të thartë, më pas vendoseni në frigorifer. Zëvendësoni çdo fillestar që përdorni me një përzierje të barabartë me ujë të vakët dhe miell.

Bukë sode

Bën një petë 20 cm/8

450 g/1 paund/4 gota miell të thjeshtë (për të gjitha qëllimet).

10 ml/2 lugë çaji bikarbonat sodë (sode buke)

10 ml/2 lugë çaji krem tartar

5 ml/1 lugë kripë

25 g/1 oz/2 lugë gjelle sallo (shkurtim)

5 ml/1 lugë çaji sheqer (shumë i imët)

15 ml/1 lugë gjelle lëng limoni

300 ml/½ pt/1¼ filxhan qumësht

Përzieni së bashku miellin, bikarbonatin e sodës, ajkën e tartarit dhe kripën. Fërkojeni me sallo derisa përzierja të ngjajë me thërrimet e bukës. Përzieni sheqerin. Përzieni lëngun e limonit në qumësht dhe më pas përzieni në përbërësit e thatë derisa të keni një brumë të butë. Ziejeni lehtë, më pas formoni brumin në formë të rrumbullakët 20 cm/8 dhe rrafshoni pak. E vendosim në një tepsi të lyer me miell dhe e shënojmë në katërsh me tehun e thikës. E pjekim në furrë të parangrohur në 200°C/400°F/gaz 6 për rreth 30 minuta derisa të ketë kore sipër. Lëreni të ftohet përpara se ta shërbeni.

Bukë e thartë

Bën dy bukë 350 g/12 oz

250 ml/8 ml oz/1 filxhan ujë të vakët

15 ml/1 lugë gjelle sheqer (superfine).

30 ml/2 lugë gjelle gjalpë ose margarinë të shkrirë

15 ml/1 lugë gjelle kripë

250 ml/8 ml oz/1 filxhan Fillestar i brumit të thartë

2,5 ml/½ lugë çaji bikarbonat sode (sode buke)

450 g/1 paund/4 gota miell të thjeshtë (për të gjitha qëllimet).

Përzieni së bashku ujin, sheqerin, gjalpin ose margarinën dhe kripën. Përzieni fillimin e brumit të thartë me bikarbonatin e sodës dhe përzieni në përzierje, më pas rrahni miellin për të bërë një brumë të fortë. Ziejeni brumin derisa të jetë i qetë dhe saten, duke shtuar edhe pak miell nëse është e nevojshme. Vendoseni në një tas të lyer me vaj, mbulojeni me film ngjitës të lyer me vaj (mbështjellës plastik) dhe lëreni në një vend të ngrohtë për rreth 1 orë derisa të dyfishohet në masë.

Përziejini përsëri lehtë dhe formoni dy petë. Vendoseni në një tepsi të lyer me yndyrë (biskotë), mbulojeni me film të lyer me vaj dhe lëreni të ngrihet për rreth 40 minuta derisa të dyfishohet në masë.

E pjekim në furrë të parangrohur në 190°C/375°F/gaz 5 për rreth 40 minuta derisa të marrin ngjyrë kafe të artë dhe të tingëllojë boshe kur trokitni mbi bazën.

Simite me brum

Bën 12

50 g/2 oz/¼ filxhan gjalpë ose margarinë

175 g/6 oz/1½ filxhan miell të thjeshtë (për të gjitha qëllimet).

5 ml/1 lugë kripë

2,5 ml/½ lugë çaji bikarbonat sode (sode buke)

250 ml/8 ml oz/1 filxhan Fillestar i brumit të thartë

Pak gjalpë ose margarinë të shkrirë për lustrim

Fërkoni gjalpin ose margarinën në miell dhe kripë derisa përzierja të ngjajë me thërrimet e bukës. Përzieni bikarbonatin e sodës në starter, më pas përzieni në miell për të bërë një brumë të fortë. Ziejini derisa të jetë e qetë dhe të mos ngjitet më. Formoni role të vogla dhe rregulloni mirë në një tepsi të lyer me yndyrë (cookie). Lyejeni majat me gjalpë ose margarinë, mbulojeni me film ngjitës të lyer me vaj (mbështjellës plastik) dhe lëreni të ngrihet për rreth 1 orë derisa të dyfishohet në masë. E pjekim në furrë të parangrohur në 220°C/425°F/gaz 8 për 15 minuta derisa të marrin ngjyrë kafe të artë.

Bukë e Vjenës

Bën një bukë 675 g/1½ paund

15 g/½ oz maja e freskët ose 20 ml/ 4 lugë maja të thata

5 ml/1 lugë çaji sheqer (shumë i imët).

300 ml/½ pt/1¼ filxhan qumësht të ngrohtë

40 g/1½ oz/3 lugë gjelle gjalpë ose margarinë

450 g/1 lb/4 gota miell të fortë (bukë).

5 ml/1 lugë kripë

1 vezë e rrahur mirë

Përzieni majanë me sheqerin dhe pak qumështin e ngrohtë dhe lëreni në një vend të ngrohtë derisa të bëhet shkumë. Shkrini gjalpin ose margarinën dhe shtoni qumështin e mbetur. Përziejini së bashku përzierjen e majave, përzierjen e gjalpit, miellin, kripën dhe vezën për të bërë një brumë të butë. Ziejini derisa të jetë e qetë dhe të mos ngjitet më. Vendoseni në një tas të lyer me vaj, mbulojeni me film ngjitës të lyer me vaj (mbështjellës plastik) dhe lëreni në një vend të ngrohtë për rreth 1 orë derisa të dyfishohet në masë.

Ziejeni përsëri brumin, më pas formoni një petë dhe vendoseni në një tepsi të lyer me yndyrë (cookie). Mbulojeni me film të lyer me vaj dhe lëreni në një vend të ngrohtë për 20 minuta.

Piqeni në furrë të parangrohur në 230°C/450°F/gaz 8 për 25 minuta derisa të marrë ngjyrë të artë dhe të tingëllojë boshe kur trokitni mbi bazën.

Bukë integrale

Bën dy bukë 450 g/1 paund

15 g/½ oz maja e freskët ose 20 ml/ 4 lugë maja të thata

5 ml/1 lugë sheqer

300 ml/½ pt/1¼ filxhan ujë të ngrohtë

550 g/1¼ lb/5 gota miell integral (gruri integrale)

5 ml/1 lugë kripë

45 ml/3 lugë gjelle dhallë

Farat e susamit ose qimnon për spërkatje (opsionale)

Përzieni majanë me sheqerin dhe pak nga uji i ngrohtë dhe lëreni në një vend të ngrohtë për 20 minuta derisa të bëhet shkumë. Vendosni miellin dhe kripën në një tas dhe bëni një pus në qendër. Hidhni majanë, ujin e mbetur dhe dhallën. Punojeni në një brumë të fortë i cili i lë të pastër anët e tasit, duke shtuar pak miell ose ujë nëse është e nevojshme. Ziejini në një sipërfaqe të lyer pak me miell ose në procesor derisa të bëhet elastike dhe të mos ngjitet më. Formoni brumin në dy tepsi (tava) të lyer me yndyrë 450 g/1 lb, mbulojeni me film ngjitës të lyer me vaj (mbështjellës plastik) dhe lëreni të ngrihet për rreth 45 minuta derisa brumi të ngrihet pak mbi majën e kallëpeve.

Spërkateni me farat e susamit ose qimnon, nëse përdorni. Piqni në një furrë të parangrohur në 230°C/450°F/shenja e gazit 8 për 15 minuta, më pas ulni temperaturën e furrës në 190°C/375°F/shenja e gazit 5 dhe piqini edhe për 25 minuta të tjera derisa të marrin ngjyrë kafe të artë dhe të zbrazët. -tingëllon kur preket në bazë.

Bukë me mjaltë integrale

Bën një bukë 900 g/2 paund

15 g/½ oz maja e freskët ose 20 ml/ 4 lugë maja të thata

450 ml/¾ pt/2 gota ujë të ngrohtë

45 ml/3 lugë gjelle mjaltë

50 g/2 oz/¼ filxhan gjalpë ose margarinë

750 g/1½ lb/6 filxhanë miell integral (gruri integrale)

2,5 ml/½ lugë e vogël kripë

15 ml/1 lugë fara susami

Përzieni majanë me pak ujë dhe pak mjaltë dhe lëreni në një vend të ngrohtë për 20 minuta derisa të bëhet shkumë. Fërkoni gjalpin ose margarinën në miell dhe kripë, më pas përzieni përzierjen e majave dhe ujin e mbetur dhe mjaltin derisa të keni një brumë të butë. Ziejini derisa të bëhen elastike dhe të mos ngjiten më. Vendoseni në një tas të lyer me vaj, mbulojeni me film ngjitës të lyer me vaj (mbështjellës plastik) dhe lëreni në një vend të ngrohtë për rreth 1 orë derisa të dyfishohet në masë.

Ziejeni përsëri dhe formoni një tepsi (tepsi) të lyer me yndyrë 900 g/2 lb. E mbulojmë me film të lyer me vaj dhe e lëmë të ngrihet për 20 minuta derisa brumi të vijë sipër tepsisë.

E pjekim në furrë të parangrohur në 220°C/425°F/gaz 7 për 15 minuta. Uleni temperaturën e furrës në 190°C/375°F/shënjimin e gazit 5 dhe piqni edhe për 20 minuta të tjera derisa peta të marrë ngjyrë kafe të artë dhe të tingëllojë boshe kur trokitni mbi bazën.

Roleta të shpejta me miell integral

Bën 12

20 ml/4 lugë maja të thata

375 ml/13 floz/1½ filxhan ujë të ngrohtë

50 g/2 oz/¼ filxhan sheqer kaf të butë

100 g/4 oz/1 filxhan miell integral (gruri integrale).

100 g/4 oz/1 filxhan miell të thjeshtë (për të gjitha qëllimet).

5 ml/1 lugë kripë

Përzieni majanë me ujin dhe pak sheqer dhe lëreni në një vend të ngrohtë derisa të bëhet shkumë. Hidhni miellin dhe kripën me sheqerin e mbetur dhe përzieni në një brumë të butë. Hedhim brumin me lugë në tepsi (tepsi) për kifle dhe e lëmë të ngrihet për 20 minuta derisa brumi të ngjitet në majë të formateve.

E pjekim në furrë të parangrohur në 180°C/350°F/gaz 4 për 30 minuta derisa të skuqen mirë dhe të marrin ngjyrë kafe të artë.

Bukë integrale me arra

Bën një bukë 900 g/2 paund

15 g/½ oz maja e freskët ose 20 ml/ 4 lugë maja të thata

5 ml/1 lugë çaji sheqer kaf të butë

450 ml/¾ pt/2 gota ujë të ngrohtë

450 g/1 lb/4 filxhanë miell integral (grurë integrale).

175 g/6 oz/1½ filxhan miell të fortë të thjeshtë (bukë).

5 ml/1 lugë kripë

15 ml/1 lugë gjelle vaj arre

100 g/4 oz/1 filxhan arra, të prera në mënyrë të trashë

Përzieni majanë me sheqerin dhe pak nga uji i ngrohtë dhe lëreni në një vend të ngrohtë për 20 minuta derisa të bëhet shkumë. Përzieni miellin dhe kripën në një enë, shtoni majanë, vajin dhe ujin e ngrohtë të mbetur dhe përzieni në një brumë të fortë. Ziejini derisa të jetë e qetë dhe të mos ngjitet më. Vendoseni në një tas të lyer me vaj, mbulojeni me film ngjitës të lyer me vaj (mbështjellës plastik) dhe lëreni në një vend të ngrohtë për rreth 1 orë derisa të dyfishohet në masë.

Ziejini sërish lehtë dhe lyeni arrat, më pas formësoni një tepsi (tepsi) të lyer me yndyrë 900 g/2 lb, mbulojeni me film të lyer me vaj dhe lëreni në një vend të ngrohtë për 30 minuta derisa brumi të ngrihet mbi majën e tepsisë.

Piqeni në furrë të parangrohur në 220°C/425°F/gaz mark 7 për 30 minuta derisa të marrin ngjyrë kafe të artë dhe të tingëllojë boshe kur trokitni mbi bazën.

Gërshete bajame

Bën një bukë 450 g/1 paund

15 g/½ oz maja e freskët ose 20 ml/ 4 lugë maja të thata

40 g/1½ oz/3 lugë gjelle sheqer (shumë i hollë).

100 ml/3½ floz/6½ lugë gjelle qumësht të ngrohtë

350 g/12 oz/3 gota miell të fortë (bukë).

2,5 ml/½ lugë e vogël kripë

50 g/2 oz/¼ filxhan gjalpë ose margarinë, të shkrirë

1 vezë

Për mbushjen dhe glazurën:

50 g/2 oz pastë bajamesh

45 ml/3 lugë gjelle reçel kajsie (konservojeni)

50 g / 2 oz / 1/3 filxhan rrush të thatë

50 g/2 oz/½ filxhan bajame të copëtuara

1 e verdhe veze

Përzieni majanë me 5 ml/1 lugë sheqer dhe pak qumësht dhe lëreni në një vend të ngrohtë për 20 minuta derisa të bëhet shkumë. Përzieni miellin dhe kripën në një tas dhe bëni një pus në qendër. Përzieni masën e majave, sheqerin dhe qumështin e mbetur, gjalpin ose margarinën e shkrirë dhe vezën dhe përzieni në një brumë të butë. Ziejini derisa të bëhen elastike dhe të mos ngjiten më. Vendoseni në një tas të lyer me vaj, mbulojeni me film ngjitës të lyer me vaj (mbështjellës plastik) dhe lëreni në një vend të ngrohtë për rreth 1 orë derisa të dyfishohet në masë.

Hapeni brumin në një sipërfaqe të lyer lehtë me miell në një drejtkëndësh 30 x 40 cm/12 x 16. Përziejini së bashku përbërësit e mbushjes përveç të verdhës së vezës dhe punojeni derisa të jetë homogjene, më pas shpërndajeni në qendër një të tretën e brumit. Pritini prerjet në pjesën e jashtme dy të tretat e brumit nga skajet në një kënd drejt mbushjes me rreth 2 cm/¾ në intervale. Palosni shiritat alternativ majtas dhe djathtas mbi mbushjen dhe mbyllni fort skajet së bashku. Vendoseni në një tepsi të lyer me yndyrë (cookie), mbulojeni dhe lëreni në një vend të ngrohtë për 30 minuta derisa të dyfishohet në madhësi. E lyejmë me të verdhën e vezës dhe e pjekim në furrë të parangrohur në 190°C/375°F/gaz 5 për 30 minuta derisa të marrin ngjyrë kafe të artë.

Brioches

Bën 12

15 g/½ oz maja e freskët ose 20 ml/ 4 lugë maja të thata

30 ml/2 lugë gjelle ujë të ngrohtë

2 vezë të rrahura lehtë

225 g/8 oz/2 gota miell të fortë (bukë).

15 ml/1 lugë gjelle sheqer (superfine).

2,5 ml/½ lugë e vogël kripë

50 g/2 oz/¼ filxhan gjalpë ose margarinë, të shkrirë

Përziejini së bashku majanë, ujin dhe vezët, më pas përzieni miellin, sheqerin, kripën dhe gjalpin ose margarinën dhe përzieni në një brumë të butë. Ziejini derisa të bëhen elastike dhe të mos ngjiten më. Vendoseni në një enë të lyer me vaj, mbulojeni dhe lëreni në një vend të ngrohtë për rreth 1 orë derisa të dyfishohet në masë.

Ziejeni sërish, ndajeni në 12 pjesë dhe më pas thyeni një top të vogël nga secila pjesë. Formoni copat më të mëdha në toptha dhe vendosini në 7.5 cm/3 në tepsi (tepsi) me briosh ose kifle. Shtypni një gisht djathtas përmes brumit, më pas shtypni topthat e mbetur të brumit sipër. Mbulojeni dhe lëreni në një vend të ngrohtë për rreth 30 minuta derisa brumi të arrijë pak mbi majat e tepsisë.

E pjekim në furrë të parangrohur në 230°C/450°F/gaz 8 për 10 minuta derisa të marrin ngjyrë të artë.

Briosh me gërsheta

Bën një bukë 675 g/1½ paund

25 g/1 oz maja e freskët ose 40 ml/ 2½ lugë maja e thatë

5 ml/1 lugë çaji sheqer (shumë i imët).

250 ml/8 ml oz/1 filxhan qumësht të ngrohtë

675 g/1½ lb/6 filxhanë miell të thjeshtë (bukë).

5 ml/1 lugë kripë

1 vezë e rrahur

150 ml/¼ pt/2/3 filxhan ujë të ngrohtë

1 e verdhe veze

Përzieni majanë me sheqerin me pak qumësht të ngrohtë dhe lëreni në një vend të ngrohtë për 20 minuta derisa të bëhet shkumë. Përzieni miellin dhe kripën dhe bëni një pus në qendër. Shtoni vezën, përzierjen e majave, qumështin e mbetur të ngrohtë dhe ujin e ngrohtë sa të përzihet në një brumë të butë. Ziejini derisa të jenë të buta dhe të mos ngjiten më. Vendoseni në një tas të lyer me vaj, mbulojeni me film ngjitës të lyer me vaj (mbështjellës plastik) dhe lëreni në një vend të ngrohtë për rreth 1 orë derisa të dyfishohet në masë.

Ziejeni brumin lehtë dhe më pas ndajeni në katërsh. Rrokullisni tre pjesë në shirita të hollë rreth 38 cm/15 të gjatë. Lagni njërën skaj të çdo shiriti dhe shtypni së bashku, më pas lidhni shiritat së bashku, lagni dhe fiksoni skajet. Vendoseni në një tepsi të lyer me yndyrë (cookie). Ndani pjesën e mbetur të brumit në tre, hapeni në rripa 38 cm/15 dhe gërshetojini së bashku në të njëjtën mënyrë për të bërë një gërshet më të hollë. Rrahim të verdhën e vezës me 15 ml/1 lugë gjelle ujë dhe lyejmë gërshetën e madhe. Shtypni butësisht gërshetën më të vogël sipër dhe lyejeni me glazurën e vezëve. Mbulojeni dhe lëreni në një vend të ngrohtë të ngrihet për 40 minuta.

E pjekim në furrë të parangrohur në 200°C/400°F/gaz 6 për 45 minuta derisa të marrin ngjyrë kafe të artë dhe të tingëllojë boshe kur trokitni mbi bazën.

Brioches Apple

Bën 12

Për brumin:

15 g/½ oz maja e freskët ose 10 ml/ 2 lugë maja të thata

75 ml/5 lugë qumësht të ngrohtë

100 g/4 oz/1 filxhan miell integral (gruri integrale).

350 g/12 oz/3 gota miell të fortë (bukë).

30 ml/2 lugë mjaltë të pastër

4 vezë

Një majë kripë

200 g/7 oz/i paket 1 filxhan gjalpë ose margarinë, i shkrirë

Për mbushjen:

75 g/3 oz pure molle (salcë).

25 g/1 oz/¼ filxhan bukë integrale (grurë integrale).

25 g/3 oz/½ filxhan sulltane (rrush të thatë)

2,5 ml/½ lugë e vogël kanellë të bluar

1 vezë e rrahur

Për të bërë brumin, përzieni majanë me qumështin e ngrohtë dhe miellin integral dhe lëreni në një vend të ngrohtë për 20 minuta që të fermentohet. Shtoni miellin e thjeshtë, mjaltin, vezët dhe kripën dhe përzieni mirë. Hidhni mbi të gjalpin ose margarinën e shkrirë dhe vazhdoni të gatuani derisa brumi të jetë elastik dhe i lëmuar. Vendoseni në një tas të lyer me vaj, mbulojeni me film ngjitës të lyer me vaj (mbështjellës plastik) dhe lëreni në një vend të ngrohtë për rreth 1 orë derisa të dyfishohet në masë.

Përziejini së bashku të gjithë përbërësit e mbushjes përveç vezës. Formoni brumin në 12 pjesë, më pas hiqni një të tretën nga secila pjesë. Formojini copat më të mëdha që të përshtaten me tepsi (tepsi) të lyer me vaj ose tepsi për kifle. Shtypni një vrimë të madhe pothuajse deri në bazë me një dorezë gishti ose piruni dhe mbusheni me mbushjen. Formoni secilën prej pjesëve më të vogla të brumit në një top, lagni pjesën e sipërme të brumit dhe shtypni mbi mbushjen për ta mbyllur atë në briosh. Mbulojeni dhe lëreni në një vend të ngrohtë për 40 minuta derisa pothuajse të dyfishohet në madhësi.

E lyejmë me vezë të rrahur dhe e pjekim në furrë të parangrohur në 220°C/425°F/gaz 7 për 15 minuta derisa të marrin ngjyrë të artë.

Brioches Tofu dhe Nut

Bën 12

Për brumin:

15 g/½ oz maja e freskët ose 20 ml/ 4 lugë maja të thata

75 ml/5 lugë qumësht të ngrohtë

100 g/4 oz/1 filxhan miell integral (gruri integrale).

350 g/12 oz/3 gota miell të fortë (bukë).

30 ml/2 lugë mjaltë të pastër

4 vezë

Një majë kripë

200 g/7 oz/i pakët 1 filxhan gjalpë ose margarinë, i shkrirë

Për mbushjen:

50 g/2 oz/¼ filxhan tofu, të prerë në kubikë

25 g/1 oz/¼ filxhan arra shqeme, të thekura dhe të copëtuara

25 g/1 oz perime të përziera të copëtuara

½ qepë, e copëtuar

1 thelpi hudhër, e prerë

2,5 ml/½ lugë e vogël barishte të thata të përziera

2,5 ml/½ lugë e vogël mustardë franceze

1 vezë e rrahur

Për të bërë brumin, përzieni majanë me qumështin e ngrohtë dhe miellin integral dhe lëreni në një vend të ngrohtë për 20 minuta që të fermentohet. Shtoni miellin e thjeshtë, mjaltin, vezët dhe kripën dhe përzieni mirë. Hidhni mbi të gjalpin ose margarinën e shkrirë dhe vazhdoni të gatuani derisa brumi të jetë elastik dhe i lëmuar. Vendoseni në një tas të lyer me vaj, mbulojeni me film ngjitës të lyer me vaj (mbështjellës plastik) dhe lëreni në një vend të ngrohtë për rreth 1 orë derisa të dyfishohet në masë.

Përziejini së bashku të gjithë përbërësit e mbushjes përveç vezës. Formoni brumin në 12 pjesë, më pas hiqni një të tretën nga secila pjesë. Formojini copat më të mëdha që të përshtaten me tepsi (tepsi) të lyer me vaj ose tepsi për kifle. Shtypni një vrimë të madhe pothuajse deri në bazë me një dorezë gishti ose piruni dhe mbusheni me mbushjen. Formoni secilën prej pjesëve më të vogla të brumit në një top, lagni pjesën e sipërme të brumit dhe shtypni mbi mbushjen për ta mbyllur atë në briosh. Mbulojeni dhe lëreni në një vend të ngrohtë për 40 minuta derisa pothuajse të dyfishohet në madhësi.

E lyejmë me vezë të rrahur dhe e pjekim në furrë të parangrohur në 220°C/425°F/gaz 7 për 15 minuta derisa të marrin ngjyrë të artë.

Buns Chelsea

Bën 9

225 g/8 oz/2 gota miell të fortë (bukë).

5 ml/1 lugë çaji sheqer (shumë i imët).

15 g/½ oz maja e freskët ose 20 ml/ 4 lugë maja të thata

120 ml/4 ml oz/½ filxhan qumësht të ngrohtë

Një majë kripë

15 g/½ oz/1 lugë gjelle gjalpë ose margarinë

1 vezë e rrahur

Për mbushjen:

75 g/3 oz/½ filxhan fruta të thata të përziera (përzierje për kek frutash)

25 g/1 oz/3 lugë gjelle lëvozhgë të përzier (të sheqerosur) të copëtuar

50 g/2 oz/¼ filxhan sheqer kaf të butë

Pak mjaltë e pastër për lustrim

Përzieni së bashku 50 g/2 oz/¼ filxhan miell, sheqerin e grirë, majanë dhe pak qumësht dhe lëreni në një vend të ngrohtë për 20 minuta derisa të bëhet shkumë. Përziejini së bashku miellin e mbetur dhe kripën dhe lyeni me gjalpë ose margarinë. Përzieni vezën, përzierjen e majave dhe qumështin e mbetur të ngrohtë dhe përzieni në brumë. Zjejini derisa të bëhen elastike dhe të mos ngjiten më. Vendoseni në një tas të lyer me vaj, mbulojeni me film ngjitës të lyer me vaj (mbështjellës plastik) dhe lëreni në një vend të ngrohtë për rreth 1 orë derisa të dyfishohet në masë.

Ziejeni përsëri dhe hapeni në një drejtkëndësh 33 x 23 cm/13 x 9. Përziejini së bashku të gjithë përbërësit e mbushjes përveç mjaltit dhe shpërndajeni mbi brumë. Rrotulloni nga njëra anë e gjatë dhe mbylleni buzën me pak ujë. Pritini rolenë në nëntë copa të barabarta dhe vendoseni në një tepsi (tepsi) të lyer me pak yndyrë. Mbulojeni dhe lëreni në një vend të ngrohtë për 30 minuta derisa të dyfishohet në masë.

E pjekim në furrë të parangrohur në 190°C/375°F/gaz 5 për 25 minuta derisa të marrin ngjyrë kafe të artë. E heqim nga furra dhe e lyejmë me mjaltë dhe e lëmë të ftohet.

Bukë kafeje

Bën 16

225 g/8 oz/1 filxhan gjalpë ose margarinë

450 g/1 lb/4 filxhanë miell integral (grurë integrale).

20 ml/4 lugë lugë pluhur pjekjeje

5 ml/1 lugë kripë

225 g/8 oz/1 filxhan sheqer kaf të butë

2 vezë të rrahura lehtë

100 g/4 oz/2/3 filxhan rrush pa fara

5 ml/1 lugë çaji pluhur kafeje të menjëhershme

15 ml/1 lugë gjelle ujë të nxehtë

75 ml/5 lugë mjaltë të pastër

Fërkoni gjalpin ose margarinën në miell, pluhur pjekjeje dhe kripë derisa masa të ngjajë me thërrimet e bukës. Përzieni sheqerin. Rrihni vezët për të bërë një brumë të butë, por jo ngjitës, më pas përzieni rrush pa fara. Shkrihet pluhuri i kafesë në ujin e nxehtë dhe shtohet në brumë. Formoni 16 topa të rrafshuar dhe vendosini, të ndarë mirë, në një tepsi të lyer me yndyrë (biskota). Shtypni një gisht në qendër të çdo simite dhe shtoni një lugë çaji mjaltë. Piqeni në furrë të parangrohur në 220°C/425°F/gaz 7 për 10 minuta derisa të marrin një ngjyrë kafe të lehtë dhe të artë.

Bukë Creme Fraîche

Bën dy bukë 450 g/1 paund

25 g/1 oz maja e freskët ose 40 ml/ 2½ lugë maja e thatë

75 g/3 oz/1/3 filxhan sheqer kaf të butë

60 ml/4 lugë gjelle ujë të ngrohtë

60 ml/4 lugë gjelle krem fraiche, në temperaturë ambienti

350 g/12 oz/3 filxhanë miell të thjeshtë (për të gjitha qëllimet).

5 ml/1 lugë kripë

Një majë arrëmyshk të grirë

3 vezë

50 g/2 oz/¼ filxhan gjalpë ose margarinë

Pak qumësht dhe sheqer për lustrim

Përzieni majanë me 5 ml/1 lugë sheqer dhe ujin e ngrohtë dhe lëreni në një vend të ngrohtë për 20 minuta derisa të bëhet shkumë. Përzieni kremin në maja. Vendosni miellin, kripën dhe arrëmyshkun në një tas dhe bëni një pus në qendër. Përzieni masën e majave, vezët dhe gjalpin dhe e përzieni në një brumë të butë. Ziejeni derisa të jetë e qetë dhe elastike. Vendoseni në një tas të lyer me vaj, mbulojeni me film ngjitës të lyer me vaj (mbështjellës plastik) dhe lëreni në një vend të ngrohtë për rreth 1 orë derisa të dyfishohet në masë.

Ziejeni përsëri brumin, më pas formoni dy tepsi (tepsi) 450 g/1 lb. Mbulojeni dhe lëreni në një vend të ngrohtë për 35 minuta derisa të dyfishohet në masë.

Lyejeni pjesën e sipërme të bukëve me pak qumësht dhe më pas spërkatni me sheqer. E pjekim në furrë të parangrohur në 180°C/350°F/gaz 4 për 30 minuta. Lëreni të ftohet në tepsi për 10 minuta, më pas vendoseni në një raft teli për të përfunduar ftohjen.

Kroasanët

Bën 12

25 g/1 oz/2 lugë gjelle sallo (shkurtim)

450 g/1 lb/4 gota miell të fortë (bukë).

2,5 ml/½ lugë e vogël sheqer (super fine).

10 ml/2 lugë kripë

25 g/1 oz maja e freskët ose 40 ml/ 2½ lugë maja e thatë

250 ml/8 ml oz/1 filxhan ujë të ngrohtë

2 vezë të rrahura lehtë

100 g/4 oz/½ filxhan gjalpë ose margarinë, të prerë në kubikë

Fërkojeni yndyrën në miell, sheqer dhe kripë derisa përzierja të ngjajë me thërrimet e bukës, më pas bëni një pus në qendër. Përziejmë majanë me ujin dhe shtojmë në miell me një nga vezët. Punojeni përzierjen së bashku derisa të keni një brumë të butë që të lërë të pastër anët e tasit. Kaloni në një sipërfaqe të lyer pak me miell dhe gatuajeni derisa të jetë e lëmuar dhe të mos ngjitet më. Hapeni brumin në një shirit 20 x 50 cm/8 x 20. Dy të tretat e sipërme të brumit lyeni me një të tretën e gjalpit ose margarinës, duke lënë një hendek të hollë rreth buzës. Palosni pjesën e brumit të pa lyer lart mbi një të tretën tjetër, më pas palosni pjesën e sipërme një të tretën poshtë mbi të. Shtypni skajet së bashku për t'u mbyllur dhe kthejeni brumin një çerek kthese në mënyrë që buza e palosur të jetë në të majtë. Përsëriteni procesin me një të tretën tjetër të gjalpit ose margarinës, paloseni dhe përsërisni edhe një herë në mënyrë që të keni përdorur të gjithë yndyrën. Brumin e palosur e vendosim në një qese polietileni të lyer me vaj dhe e ftojmë për 30 minuta.

Rrokullisni, palosni dhe kthejeni përsëri brumin edhe tre herë pa shtuar më shumë yndyrë. Kthejeni në qese dhe ftohuni për 30 minuta.

Hapeni brumin në një drejtkëndësh 40 x 38 cm/ 16 x 15, shkurtoni skajet dhe priteni në 12 15 cm/6 në trekëndësha. Lyejini trekëndëshat me pak vezë të rrahur dhe rrotullojini nga baza, më pas kthejini në formë gjysmëhëne dhe vendosini mirë larg njëri-tjetrit në një tepsi të lyer me yndyrë (biskotë). Lyejeni majat me vezë, mbulojeni dhe lëreni në një vend të ngrohtë për rreth 30 minuta.

Lyejini sipër majat me vezë përsëri, më pas piqini në një furrë të parangrohur në 230°C/425°F/ markën e gazit 7 për 15–20 minuta derisa të marrin ngjyrë të artë dhe të fryhen.

Kroasantë Sulltaneshë me miell integral

Bën 12

25 g/1 oz/2 lugë gjelle sallo (shkurtim)

225 g/8 oz/2 gota miell të fortë (bukë).

225 g/8 oz/2 gota miell integral (gruri integrale).

10 ml/2 lugë kripë

25 g/1 oz maja e freskët ose 40 ml/ 2½ lugë maja e thatë

300 ml/½ pt/1¼ filxhan ujë të ngrohtë

2 vezë të rrahura lehtë

100 g/4 oz/½ filxhan gjalpë ose margarinë, të prerë në kubikë

45 ml/3 lugë sulltanezë (rrush i thatë)

2,5 ml/½ lugë e vogël sheqer (super fine).

Fërkojeni yndyrën në miell dhe kripë derisa përzierja të ngjajë me thërrimet e bukës, më pas bëni një pus në qendër. Përziejmë majanë me ujin dhe shtojmë në miell me një nga vezët. Punojeni përzierjen së bashku derisa të keni një brumë të butë që të lërë të pastër anët e tasit. Kaloni në një sipërfaqe të lyer pak me miell dhe gatuajeni derisa të jetë e lëmuar dhe të mos ngjitet më. Hapeni brumin në një shirit 20 x 50 cm/8 x 20. Dy të tretat e sipërme të brumit lyeni me një të tretën e gjalpit ose margarinës, duke lënë një hendek të hollë rreth buzës. Palosni pjesën e brumit të pa lyer lart mbi një të tretën tjetër, më pas palosni pjesën e sipërme një të tretën poshtë mbi të. Shtypni skajet së bashku për t'u mbyllur dhe kthejeni brumin një çerek kthese në mënyrë që buza e palosur të jetë në të majtë. Përsëriteni procesin me një të tretën tjetër të gjalpit ose margarinës, paloseni dhe përsërisni edhe një herë në mënyrë që të keni përdorur të gjithë yndyrën. Brumin e palosur e vendosim në një qese polietileni të lyer me vaj dhe e ftojmë për 30 minuta.

Rrokullisni, palosni dhe kthejeni përsëri brumin edhe tre herë pa shtuar më shumë yndyrë. Kthejeni në qese dhe ftohuni për 30 minuta.

Hapeni brumin në një drejtkëndësh 40 x 38 cm/ 16 x 15, shkurtoni skajet dhe priteni në dymbëdhjetë trekëndësha 15 cm/6. Lyejmë trekëndëshat me pak vezë të rrahur, i spërkasim me sulltane dhe sheqer dhe i rrotullojmë nga baza, më pas i kthejmë në formë gjysmëhënës dhe i vendosim mirë në një tepsi të lyer me yndyrë (biskotë). Lyejeni majat me vezë, mbulojeni dhe lëreni në një vend të ngrohtë për 30 minuta.

Lyejini sipër majat me vezë përsëri, më pas piqini në një furrë të parangrohur në 230°C/425°F/ markën e gazit 7 për 15-20 minuta derisa të marrin ngjyrë të artë dhe të fryhen.

Rrumbullakët e pyllit

Bën tre bukë 350 g/12 oz

450 g/1 lb/4 filxhanë miell integral (grurë integrale).

20 ml/4 lugë lugë pluhur pjekjeje

45 ml/3 lugë gjelle pluhur karob

5 ml/1 lugë kripë

50 g/2 oz/½ filxhan lajthi të bluara

50 g/2 oz/½ filxhan arra të përziera të copëtuara

75 g/3 oz/1/3 filxhan yndyrë bimore (shkurtim)

75 g/3 oz/¼ filxhan mjaltë të pastër

300 ml/½ pt/1¼ filxhan qumësht

2,5 ml/½ lugë esencë vanilje (ekstrakt)

1 vezë e rrahur

Përziejini së bashku përbërësit e thatë dhe më pas lyeni me yndyrën bimore. Shkrihet mjalti në qumështin dhe esencën e vaniljes dhe përzihet në përbërësit e thatë derisa të keni një brumë të butë. Formoni në tre raunde dhe shtypni që të rrafshohen pak. Pritini çdo petë pjesërisht në gjashtë pjesë dhe lyejeni me vezë të rrahur. Vendoseni në një tepsi të lyer me yndyrë (cookie) dhe piqini në një furrë të parangrohur në 230°C/450°F/gaz 8 për 20 minuta derisa të skuqet mirë dhe të marrë ngjyrë kafe të artë.

Nutty Twist

Bën një bukë 450 g/1 paund

Për brumin:

15 g/½ oz maja e freskët ose 20 ml/ 4 lugë maja të thata

40 g/1½ oz/3 lugë gjelle sheqer (shumë i hollë).

100 ml/3½ floz/6 ½ lugë gjelle qumësht të ngrohtë

350 g/12 oz/3 gota miell të fortë (bukë).

2,5 ml/½ lugë e vogël kripë

50 g/2 oz/¼ filxhan gjalpë ose margarinë, të shkrirë

1 vezë

Për mbushjen dhe glazurën:

100 g/4 oz/1 filxhan bajame të bluara

2 te bardha veze

50 g/2 oz/¼ filxhan sheqer (shumë i hollë).

2,5 ml/½ lugë e vogël kanellë të bluar

100 g/4 oz/1 filxhan lajthi të bluara

1 e verdhe veze

Për të bërë brumin, përzieni majanë me 5 ml/1 lugë sheqer dhe pak qumësht dhe lëreni në një vend të ngrohtë për 20 minuta derisa të bëhet shkumë. Përzieni miellin dhe kripën në një tas dhe bëni një pus në qendër. Përzieni masën e majave, sheqerin dhe qumështin e mbetur, gjalpin ose margarinën e shkrirë dhe vezën dhe përzieni në një brumë të butë. Ziejini derisa të bëhen elastike dhe të mos ngjiten më. Vendoseni në një tas të lyer me vaj, mbulojeni me film ngjitës të lyer me vaj (mbështjellës plastik) dhe lëreni në një vend të ngrohtë për rreth 1 orë derisa të dyfishohet në masë.

Hapeni brumin në një sipërfaqe të lyer lehtë me miell në një drejtkëndësh 30 x 40 cm/12 x 16. Përziejini së bashku përbërësit e mbushjes, përveç të verdhës së vezës, derisa të keni një pastë të butë, më pas shpërndajeni mbi brumë, pak nga skajet. Lyejeni skajet me pak të verdhë veze, më pas rrotullojeni brumin nga ana e gjatë. Pritini brumin saktësisht në gjysmë për së gjati, më pas rrotulloni të dy pjesët së bashku, duke mbyllur skajet. Vendoseni në një tepsi të lyer me yndyrë (cookie), mbulojeni dhe lëreni në një vend të ngrohtë për 30 minuta derisa të dyfishohet në madhësi. E lyejmë me të verdhën e vezës dhe e pjekim në furrë të parangrohur në 190°C/375°F/gaz 5 për 30 minuta derisa të marrin ngjyrë kafe të artë.

Simite portokalli

Bën 24

Për brumin:

25 g/1 oz maja e freskët ose 40 ml/ 2½ lugë maja e thatë

120 ml/4 ml oz/½ filxhan ujë të ngrohtë

75 g/3 oz/1/3 filxhan sheqer (shumë i hollë).

100 g/4 oz/½ filxhan sallo (shkurtim), i prerë në kubikë

5 ml/1 lugë kripë

250 ml/8 ml oz/1 filxhan qumësht të ngrohtë

60 ml/4 lugë gjelle lëng portokalli

30 ml/2 lugë gjelle lëvore portokalli të grirë

2 vezë, të rrahura

675 g/1½ lb/6 filxhanë miell të thjeshtë (bukë).

Për kremin (bricën):
250 g/9 oz/1½ filxhan sheqer pluhur (të ëmbëlsirave).

5 ml/1 lugë e vogël lëkure portokalli të grirë

30 ml/2 lugë gjelle lëng portokalli

Për të bërë brumin, majanë e tretim në ujin e ngrohtë me 5 ml/1 lugë sheqer dhe e lëmë derisa të bëhet shkumë. Përzieni yndyrën me sheqerin e mbetur dhe kripën. Hidhni qumështin, lëngun e portokallit, lëkurën dhe vezët, më pas përzieni përzierjen e majave. Shtoni gradualisht miellin dhe përzieni në një brumë të fortë. Gatuani mirë. Vendoseni në një tas të lyer me yndyrë, mbulojeni me film ngjitës të lyer me vaj (mbështjellës plastik) dhe lëreni në një vend të ngrohtë për rreth 1 orë derisa të dyfishohet në masë.

Rrotulloni në trashësi rreth 2 cm/¾ dhe priteni në rrumbullakët me një prestar për biskota (biskota). Vendoseni pak larg njëri-tjetrit në një tepsi të lyer me yndyrë (cookie) dhe lëreni në një vend të ngrohtë për 25 minuta. Lëreni të ftohet.

Për të bërë kremin, vendosni sheqerin në një tas dhe përzieni lëkurën e portokallit. Përzieni gradualisht lëngun e portokallit derisa të keni një krem të fortë. Hidhni sipër simiteve kur të ftohen dhe lërini të qëndrojnë.

Çokollatë me dhimbje

Bën 12

25 g/1 oz/2 lugë gjelle sallo (shkurtim)

450 g/1 lb/4 gota miell të fortë (bukë).

2,5 ml/½ lugë e vogël sheqer (super fine).

10 ml/2 lugë kripë

25 g/1 oz maja e freskët ose 40 ml/ 2½ lugë maja e thatë

250 ml/8 ml oz/1 filxhan ujë të ngrohtë

2 vezë të rrahura lehtë

100 g/4 oz/½ filxhan gjalpë ose margarinë, të prerë në kubikë

100 g/4 oz/1 filxhan çokollatë e thjeshtë (gjysmë e ëmbël), e ndarë në 12 pjesë

Fërkojeni yndyrën në miell, sheqer dhe kripë derisa përzierja të ngjajë me thërrimet e bukës, më pas bëni një pus në qendër. Përziejmë majanë me ujin dhe shtojmë në miell me një nga vezët. Punojeni përzierjen së bashku derisa të keni një brumë të butë i cili lë të pastër anët e tasit. Kaloni në një sipërfaqe të lyer pak me miell dhe gatuajeni derisa të jetë e lëmuar dhe të mos ngjitet më. Hapeni brumin në një shirit 20 x 50 cm/8 x 20. Dy të tretat e sipërme të brumit lyeni me një të tretën e gjalpit ose margarinës, duke lënë një hendek të hollë rreth buzës. Palosni pjesën e brumit të palyer lart mbi një të tretën tjetër, më pas palosni pjesën e sipërme një të tretën poshtë mbi të, Shtypni skajet së bashku për t'u mbyllur dhe kthejeni brumin një çerek kthese në mënyrë që buza e palosur të jetë në të majtë. Përsëriteni procesin me një të tretën tjetër të gjalpit ose margarinës, paloseni dhe përsërisni edhe një herë në mënyrë që të keni përdorur të gjithë yndyrën. Brumin e palosur e vendosim në një qese polietileni të lyer me vaj dhe e ftojmë për 30 minuta.

Rrokullisni, palosni dhe kthejeni përsëri brumin edhe tre herë pa shtuar më shumë yndyrë. Kthejeni në qese dhe ftohuni për 30 minuta.

Ndani brumin në 12 pjesë dhe hapeni në drejtkëndësha me gjerësi rreth 5 cm/2 dhe trashësi 5 mm/¼. Vendosni një copë çokollatë në qendër të secilës dhe rrotullojeni, duke mbyllur çokollatën. Vendoseni mirë të ndarë në një tepsi të lyer me yndyrë (cookie). Lyejeni majat me vezë, mbulojeni dhe lëreni në një vend të ngrohtë për 30 minuta.

Lyejini sipër majat me vezë përsëri, më pas piqini në një furrë të parangrohur në 230°C/425°F/ markën e gazit 7 për 15–20 minuta derisa të marrin ngjyrë të artë dhe të fryhen.

Pandolce

Bën dy bukë 675 g/1½ paund

175 g/6 oz/1 filxhan rrush të thatë

45 ml/3 lugë gjelle Marsala ose sheri i ëmbël

25 g/1 oz maja e freskët ose 40 ml/2½ lugë maja e thatë

175 g/6 oz/¾ filxhan sheqer (shumë i hollë).

400 ml/14 ml oz/1¾ filxhan qumësht të ngrohtë

900 g/2 lb/8 gota miell të thjeshtë (për të gjitha qëllimet).

Një majë kripë

45 ml/3 lugë gjelle ujë lule portokalli

75 g/3 oz/1/3 filxhan gjalpë ose margarinë, të shkrirë

50 g/2 oz/½ filxhan arra pishe

50 g/2 oz/½ filxhan arra fëstëk

10 ml/2 lugë fara të grimcuara të koprës

50 g/2 oz/1/3 filxhan lëkurë limoni të kristalizuar (të sheqerosur), të copëtuar

Lëkura e grirë e 1 portokalli

Përzieni rrushin e thatë dhe Marsala dhe lëreni të njomet. Përzieni majanë me 5 ml/ 1 lugë sheqer dhe pak qumësht të ngrohtë dhe lëreni në një vend të ngrohtë për 20 minuta derisa të bëhet shkumë. Përzieni miellin, kripën dhe sheqerin e mbetur në një tas dhe bëni një pus në qendër. Përzieni përzierjen e majave, qumështin e mbetur të ngrohtë dhe ujin e luleve të portokallit. Shtoni gjalpin ose margarinën e shkrirë dhe përzieni në një brumë të butë. Ziejeni në një sipërfaqe të lyer me miell deri sa të bëhet elastike dhe të mos ngjitet më. Vendoseni në një tas të lyer me vaj, mbulojeni me film ngjitës të lyer me vaj (mbështjellës plastik) dhe lëreni në një vend të ngrohtë për rreth 1 orë derisa të dyfishohet në masë.

Shtypni ose hapeni brumin në një sipërfaqe të lyer lehtë me miell në trashësi rreth 1 cm/½. Spërkateni me rrushin e thatë, arrat, farat e koprës, lëkurën e limonit dhe portokallit. Rrotulloni brumin, më pas shtypni ose hapeni dhe rrotullojeni përsëri. Formoni në formë të rrumbullakët dhe vendoseni në një tepsi të lyer me yndyrë (cookie). Mbulojeni me film të lyer me vaj dhe lëreni në një vend të ngrohtë për rreth 1 orë derisa të dyfishohet në masë.

Bëni një prerje trekëndore në pjesën e sipërme të petës, më pas piqeni në një furrë të nxehur më parë në 190°C/375°F/shenja 5 e gazit për 20 minuta. Uleni temperaturën e furrës në 160°C/325°F/gaz 3 dhe piqni edhe për 1 orë të tjera derisa të marrë ngjyrë të artë dhe të zbrazët kur trokitni mbi bazën.

Panetone

Bën një tortë 23 cm/9

40 g/1½ oz maja e freskët ose 60 ml/ 4 lugë maja të thata

150 g/5 oz/2/3 filxhan sheqer (shumë i hollë).

300 ml/½ pt/1¼ filxhan qumësht të ngrohtë

225 g/8 oz/1 filxhan gjalpë ose margarinë, të shkrirë

5 ml/1 lugë kripë

Lëkura e grirë e 1 limoni

Një majë arrëmyshk të grirë

6 te verdha veze

675 g/1½ lb/6 filxhanë miell të thjeshtë (bukë).

175 g/6 oz/1 filxhan rrush të thatë

175 g/6 oz/1 filxhan lëvozhgë të përzier (të ëmbëlsuar) të copëtuar

75 g/3 oz/¼ filxhan bajame, të copëtuara

Përzieni majanë me 5 ml/1 lugë sheqer me pak qumësht të ngrohtë dhe lëreni në një vend të ngrohtë për 20 minuta derisa të bëhet shkumë. Përzieni gjalpin e shkrirë me sheqerin e mbetur, kripën, lëkurën e limonit, arrëmyshkun dhe të verdhat e vezëve. Përzieni masën në miell me përzierjen e majave dhe përzieni në një brumë të butë. Ziejeni derisa të mos ngjitet më. Vendoseni në një enë të lyer me vaj, mbulojeni me film ngjitës të lyer me vaj (mbështjellës plastik) dhe lëreni në një vend të ngrohtë për 20 minuta. Përziejini së bashku rrushin e thatë, lëvozhgën e përzier dhe bajamet dhe formoni brumin. Mbulojeni përsëri dhe lëreni në një vend të ngrohtë për 30 minuta të tjera.

Ziejmë brumin lehtë, më pas e japim formën në një formë të lyer me yndyrë dhe të shtruar 23 cm/9 në tepsi (tavë) të thellë për kek. Mbulojeni dhe lëreni në një vend të ngrohtë për 30 minuta derisa brumi të ngrihet mirë mbi pjesën e sipërme të tepsisë. E pjekim në furrë të parangrohur në 190°C/375°F/gaz 5 për 1½ orë derisa një hell i futur në qendër të dalë i pastër.

Bukë mollë dhe hurma

Bën një bukë 900 g/2 paund

350 g/12 oz/3 filxhanë miell që ngrihet vetë

50 g/2 oz/¼ filxhan sheqer kaf të butë

5 ml/1 lugë erëz e përzier (byrek me mollë).

5 ml/1 lugë çaji kanellë të bluar

2,5 ml/½ lugë arrëmyshk i grirë

Një majë kripë

1 mollë e madhe gatimi (tartë), e qëruar, e prerë dhe e prerë

175 g/6 oz/1 filxhan hurma me gurë, të copëtuara

Lëkura e grirë e ½ limoni

2 vezë të rrahura lehtë

150 ml/¼ pt/2/3 filxhan kos të thjeshtë

Përziejini së bashku përbërësit e thatë, më pas përzieni mollën, hurmat dhe lëkurën e limonit. Hapni një pus në qendër, shtoni vezët dhe kosin dhe gradualisht përzieni në brumë. Kthejeni në një sipërfaqe të lyer pak me miell dhe formoni një tepsi (tepsi) të lyer me yndyrë dhe miell 900 g/2 lb. E pjekim në furrë të parangrohur në 160°C/325°F/gaz 3 për 1½ orë derisa të skuqen mirë dhe të marrin ngjyrë kafe të artë. Lëreni të ftohet në tepsi për 5 minuta, më pas vendoseni në një raft teli për të përfunduar ftohjen.

Bukë mollë dhe sulltaneshë

Bën tre bukë 350 g/12 oz

25 g/1 oz maja e freskët ose 40 ml/2½ lugë maja e thatë

10 ml/2 lugë ekstrakt malti

375 ml/13 floz/1½ filxhan ujë të ngrohtë

450 g/1 lb/4 filxhanë miell integral (grurë integrale).

5 ml/1 lugë çaji miell soje

50 g/2 oz/½ filxhan tërshërë të mbështjellë

2,5 ml/½ lugë e vogël kripë

25 g/1 oz/2 lugë gjelle sheqer kaf të butë

15 ml/1 lugë sallo (shkurtim)

225 g/8 oz mollë gatimi (tartë), të qëruara, të prera dhe të copëtuara

400 g/14 oz/21/3 filxhanë sulltane (rrush të thatë)

2,5 ml/½ lugë e vogël kanellë të bluar

1 vezë e rrahur

Përzieni majanë me ekstraktin e maltit dhe pak nga uji i ngrohtë dhe lëreni në një vend të ngrohtë derisa të bëhet shkumë. Përziejini së bashku miellin, tërshërën, kripën dhe sheqerin, fërkoni me sallo dhe bëni një pus në qendër. Përzieni përzierjen e majave dhe ujin e mbetur të ngrohtë dhe gatuajeni në një brumë të butë. Përziejini mollët, sulltanat dhe kanellën. Ziejini derisa të bëhen elastike dhe të mos ngjiten më. E vendosim brumin në një tas të lyer me vaj dhe e mbulojmë me film ngjitës të lyer me vaj (mbështjellës plastik). Lëreni në një vend të ngrohtë për 1 orë derisa të dyfishohet në masë.

Ziejmë brumin lehtë, më pas e formësojmë në tre rrumbullakët dhe e rrafshojmë pak, më pas e vendosim në një tepsi të lyer me yndyrë (cookie). Lyejini majat me vezë të rrahur dhe piqini në një furrë të parangrohur në 230°C/450°F/gaz 8 për 35 minuta derisa të ngrihen mirë dhe të tingëllojnë bosh kur trokitni në bazë.

Surpriza me mollë dhe kanellë

Bën 10

Për brumin:

25 g/1 oz maja e freskët ose 40 ml/2½ lugë maja e thatë

75 g/3 oz/1/3 filxhan sheqer kaf të butë

300 ml/½ pt/1¼ filxhan ujë të ngrohtë

450 g/1 lb/4 filxhanë miell integral (grurë integrale).

2,5 ml/½ lugë e vogël kripë

25 g/1 oz/¼ filxhan qumësht pluhur (qumësht i thatë pa yndyrë)

5 ml/1 lugë erëz e përzier e bluar (byrek me mollë).

5 ml/1 lugë çaji kanellë të bluar

75 g/3 oz/1/3 filxhan gjalpë ose margarinë

15 ml/1 lugë gjelle lëkurë e grirë portokalli

1 vezë

Për mbushjen:

450 g/1 lb mollë gatimi (tartë), të qëruara, të prera dhe të prera trashë

75 g/3 oz/½ filxhan sulltane (rrush të thatë)

5 ml/1 lugë çaji kanellë të bluar

Për glazurën:

15 ml/1 lugë mjaltë i pastër

30 ml/2 lugë gjelle sheqer (superfine).

Për të bërë brumin, përzieni majanë me pak sheqer dhe pak ujë të ngrohtë dhe lëreni në një vend të ngrohtë për 20 minuta derisa të bëhet shkumë. Përziejini së bashku miellin, kripën, qumështin pluhur dhe erëzat. Lyejeni me gjalpë ose margarinë, më pas përzieni lëkurën e portokallit dhe bëni një pus në qendër. Shtoni masën e majave, ujin e mbetur të ngrohtë dhe vezën dhe përzieni në një brumë të butë. Vendoseni në një tas të lyer me vaj, mbulojeni me film ngjitës të lyer me vaj (mbështjellës plastik) dhe lëreni në një vend të ngrohtë për 1 orë derisa të dyfishohet në madhësi.

Për të bërë mbushjen, gatuajini mollët dhe sulltanat në një tigan me kanellë dhe pak ujë derisa të zbuten dhe të bëhen pure.

Formoni brumin në 10 role, shtypni gishtin në qendër dhe hidhni me lugë pak nga mbushja, më pas mbylleni brumin rreth mbushjes. E vendosim në një tepsi të lyer me yndyrë (biskotë), e mbulojmë me film të lyer me vaj dhe e lëmë në një vend të ngrohtë për 40 minuta. E pjekim në furrë të nxehur më parë në 230°C/450°F/gaz 8 për 15 minuta derisa të vlojë mirë. Lyejeni me mjaltë, spërkatni me sheqer dhe lëreni të ftohet.

Bukë çaji me kajsi

Bën një bukë 900 g/2 paund

225 g/8 oz/2 gota miell që ngrihet vetë

100 g/4 oz/2/3 filxhan kajsi të thata

50 g/2 oz/½ filxhan bajame, të copëtuara

50 g/2 oz/¼ filxhan sheqer kaf të butë

50 g/2 oz/¼ filxhan gjalpë ose margarinë

100 g/4 oz/1/3 filxhan shurup i artë (misër i lehtë).

1 vezë

75 ml/5 lugë qumësht

Thithni kajsitë në ujë të nxehtë për 1 orë, më pas kullojini dhe grijini.

Përziejini së bashku miellin, kajsitë, bajamet dhe sheqerin. Shkrini gjalpin ose margarinën dhe shurupin. Shtoni në përbërësit e thatë me vezën dhe qumështin. Hidhni me lugë në një tepsi (tavë) të lyer me yndyrë dhe të shtruar me 900 g/2 lb dhe piqini në një furrë të parangrohur në 180°C/350°F/gaz 4 për 1 orë derisa të marrin ngjyrë kafe të artë dhe të fortë në prekje.

Bukë me kajsi dhe portokalli

Bën një bukë 900 g/2 paund

175 g/6 oz/1 filxhan kajsi të thata pa nevojë të njomet, të copëtuara

150 ml/¼ pt/2/3 filxhan lëng portokalli

400 g/14 oz/3½ filxhanë miell të thjeshtë (për të gjitha qëllimet)

175 g/6 oz/¾ filxhan sheqer (shumë i hollë).

100 g/4 oz/2/3 filxhan rrush të thatë

7,5 ml/1½ lugë e vogël pluhur pjekjeje

2,5 ml/½ lugë çaji bikarbonat sode (sode buke)

2,5 ml/½ lugë e vogël kripë

Lëkura e grirë e 1 portokalli

1 vezë e rrahur lehtë

25 g/1 oz/2 lugë gjelle gjalpë ose margarinë, të shkrirë

Thithni kajsitë në lëngun e portokallit. Vendosni përbërësit e thatë dhe lëkurën e portokallit në një tas dhe bëni një pus në qendër. Përzieni kajsitë dhe lëngun e portokallit, vezën dhe gjalpin e shkrirë ose margarinën dhe përzieni në një masë të fortë. Hidhni me lugë në një tepsi (tepsi) të lyer me yndyrë dhe të shtruar me 900 g/2 lb dhe piqini në një furrë të nxehur më parë në 180°C/350°F/shenja e gazit 4 për 1 orë derisa të marrë ngjyrë të artë dhe të fortë në prekje.

Bukë me kajsi dhe arra

Bën një bukë 900 g/2 paund

15 g/½ oz maja e freskët ose 20 ml/4 lugë maja e thatë

30 ml/2 lugë mjaltë të pastër

300 ml/½ pt/1¼ filxhan ujë të ngrohtë

25 g/1 oz/2 lugë gjelle gjalpë ose margarinë

225 g/8 oz/2 gota miell integral (gruri integrale).

225 g/8 oz/2 gota miell të thjeshtë (për të gjitha qëllimet).

5 ml/1 lugë kripë

75 g/3 oz/¾ filxhan arra, të copëtuara

175 g/6 oz/1 filxhan kajsi të thata të gatshme për t'u ngrënë, të copëtuara

Përzieni majanë me pak mjaltë dhe pak ujë dhe lëreni në një vend të ngrohtë për 20 minuta derisa të bëhet shkumë. Fërkoni gjalpin ose margarinën në miell dhe kripë dhe bëni një pus në qendër. Përzieni përzierjen e majave dhe mjaltin dhe ujin e mbetur dhe përzieni në brumë. Përziejini me arrat dhe kajsitë dhe gatuajeni derisa të jenë të lëmuara dhe të mos ngjiten më. Vendoseni në një enë të lyer me vaj, mbulojeni dhe lëreni në një vend të ngrohtë për 1 orë derisa të dyfishohet në masë.

Ziejeni përsëri brumin dhe formoni një tepsi (tepsi) të lyer me yndyrë 900 g/2 lb. Mbulojeni me film ngjitës të lyer me vaj (mbështjellës plastik) dhe lëreni në një vend të ngrohtë për rreth 20 minuta derisa brumi të ngrihet pak sipër tepsisë. Piqeni në furrë të parangrohur në 220°C/425°F/gaz 7 për 30 minuta derisa të marrin ngjyrë kafe të artë dhe të tingëllojë boshe kur trokitni mbi bazën.

Kurora e vjeshtës

Bën një copë unazë të madhe

Për brumin:

450 g/1 lb/4 filxhanë miell integral (grurë integrale).

20 ml/4 lugë lugë pluhur pjekjeje

75 g/3 oz/1/3 filxhan sheqer kaf të butë

5 ml/1 lugë kripë

2,5 ml/½ lugë gjelle topuz i bluar

75 g/3 oz/1/3 filxhan yndyrë bimore (shkurtim)

3 te bardha veze

300 ml/½ pt/1¼ filxhan qumësht

Për mbushjen:

175 g/6 oz/1½ filxhan thërrime keku me miell integral (grurë integrale)

50 g/2 oz/½ filxhan lajthi ose bajame të bluara

50 g/2 oz/¼ filxhan sheqer kaf të butë

75 g/3 oz/½ filxhan xhenxhefil i kristalizuar (i ëmbëlsuar), i copëtuar

30 ml/2 lugë rum ose raki

1 vezë e rrahur lehtë

Për të lustruar:

15 ml/1 lugë mjaltë

Për të bërë brumin, përzieni së bashku përbërësit e thatë dhe lyeni me yndyrë. Përzieni së bashku të bardhat e vezëve dhe qumështin dhe përzieni me masën derisa të keni një brumë të butë dhe të lakueshëm.

Përziejini së bashku përbërësit e mbushjes, duke përdorur vetëm aq vezë për të bërë një konsistencë përhapëse. Hapeni brumin në një sipërfaqe të lyer lehtë me miell në një drejtkëndësh 20 x 30 cm/8 x 10. Përhapeni mbushjen mbi të gjithë, përveç majës 2,5 cm/1 përgjatë buzës së gjatë. Rrokullisni nga buza e kundërt, si një rrotull (pelte) zvicerane, dhe lagni shiritin e thjeshtë të brumit për t'u mbyllur. Lagni çdo skaj dhe formoni rrotullën në një rreth, duke i mbyllur skajet së bashku. Me gërshërë të mprehtë, bëni prerje të vogla rreth e qark për zbukurim. Vendoseni në një tepsi të lyer me yndyrë (cookie) dhe lyejeni me vezën e mbetur. Lëreni të pushojë për 15 minuta.

E pjekim në furrë të parangrohur në 230°C/450°F/gaz 8 për 25 minuta derisa të marrin ngjyrë kafe të artë. Lyejeni me mjaltë dhe lëreni të ftohet.

Bukë bananeje

Bën një bukë 900 g/2 paund

75 g/3 oz/1/3 filxhan gjalpë ose margarinë, të zbutur

175 g/6 oz/2/3 filxhan sheqer (shumë i hollë).

2 vezë të rrahura lehtë

450 g/1 lb banane të pjekura, të grira

200 g/7 oz/1¾ filxhan miell që ngrihet vetë

75 g/3 oz/¾ filxhan arra, të copëtuara

100 g/4 oz/2/3 filxhan sulltane (rrush të thatë)

50 g/2 oz/½ filxhan qershi glace (të ëmbëlsuar).

2,5 ml/½ lugë çaji bikarbonat sode (sode buke)

Një majë kripë

Kremi së bashku gjalpin ose margarinën dhe sheqerin derisa të zbehet dhe të bëhet me gëzof. Rrihni gradualisht vezët, më pas përzieni bananet. Përziejini përbërësit e mbetur derisa të përzihen mirë. Hidhni me lugë në një tepsi (tepsi) të lyer me yndyrë dhe të shtruar me 900 g/2 lb dhe piqeni në furrë të parangrohur në 180°C/350°C/gaz 4 për 1¼ orë derisa të skuqet mirë dhe të forcohet në prekje.

Bukë banane me miell integral

Bën një bukë 900 g/2 paund

100 g/4 oz/½ filxhan gjalpë ose margarinë, i zbutur

50 g/2 oz/¼ filxhan sheqer kaf të butë

2 vezë të rrahura lehtë

3 banane, të grira

175 g/6 oz/1½ filxhan miell integral (gruri integrale)

100 g/4 oz/1 filxhan miell tërshërë

5 ml/1 lugë lugë pluhur pjekjeje

5 ml/1 lugë erëz e përzier e bluar (byrek me mollë).

30 ml/2 lugë qumësht

Kremi së bashku gjalpin ose margarinën dhe sheqerin derisa të jenë të lehta dhe me gëzof. Rrihni gradualisht vezët, përzieni bananet, më pas hidhni miellin, pluhurin për pjekje dhe erëzën e përzier. Shtoni qumësht të mjaftueshëm për të bërë një përzierje të butë. Hidhni me lugë në një tepsi (tepsi) të lyer me yndyrë dhe të rreshtuar 900 g/2 lb dhe rrafshoni sipërfaqen. E pjekim në furrë të parangrohur në 190°C/375°F/gaz 5 deri sa të skuqen dhe të marrin ngjyrë kafe të artë.

Bukë me banane dhe arra

Bën një bukë 900 g/2 paund

50 g/2 oz/¼ filxhan gjalpë ose margarinë

225 g/8 oz/2 gota miell që ngrihet vetë

50 g/2 oz/¼ filxhan sheqer (shumë i hollë).

50 g/2 oz/½ filxhan arra të përziera të copëtuara

1 vezë e rrahur lehtë

75 g/3 oz/1/3 filxhan shurup i artë (misër i lehtë).

2 banane, të grira

15 ml/1 lugë gjelle qumësht

Fërkoni gjalpin ose margarinën në miell, më pas përzieni sheqerin dhe arrat. Përzieni vezën, shurupin dhe bananet dhe qumështin për të dhënë një masë të butë. Hidhni me lugë në një tepsi (tavë) të lyer me yndyrë dhe të shtruar me 900 g/2 lb dhe piqini në një furrë të parangrohur në 180°C/350°F/gaz pikën 4 për rreth 1 orë derisa të forcohet dhe të marrë ngjyrë kafe të artë. Mbajeni për 24 orë përpara se ta shërbeni të prerë në feta dhe të lyer me gjalpë.

Bara Brith

Bën tre bukë 450 g/1 paund

450 g/1 paund/2¾ filxhan fruta të përziera të thata (përzierje për kek frutash)

250 ml/8 ml oz/1 filxhan çaj të fortë të ftohtë

30 ml/2 lugë maja të thata

175 g/6 oz/¾ filxhan sheqer kaf të butë

250 g/12 oz/3 gota miell integral (gruri integrale).

350 g/12 oz/3 gota miell të fortë (bukë).

10 ml/2 lugë erëz e përzier e bluar (byrek me mollë).

100 g/4 oz/½ filxhan gjalpë ose margarinë, të shkrirë

2 vezë, të rrahura

2,5 ml/½ lugë e vogël kripë

15 ml/1 lugë mjaltë i pastër

Thithni frutat në çaj për 2 orë. Ngroheni 30 ml/2 lugë çaji dhe përzieni me majanë dhe 5 ml/1 lugë sheqer. Lëreni në një vend të ngrohtë derisa të bëhet shkumë. Përziejini së bashku përbërësit e thatë, më pas përzieni përzierjen e majave dhe të gjithë përbërësit e mbetur përveç mjaltit dhe përzieni në brumë. Kaloni në një sipërfaqe të lyer pak me miell dhe gatuajeni butësisht derisa të jetë e lëmuar dhe elastike. Ndani në tre tava (tepsi) të lyer me yndyrë dhe me rreshtim 450 g/1 lb. Mbulojeni me film ngjitës të lyer me vaj (mbështjellës plastik) dhe lëreni në një vend të ngrohtë për 1 orë derisa brumi të ngrihet mbi pjesën e sipërme të kallëpeve.

Piqeni në një furrë të parangrohur në 200°C/400°F/shenja e gazit 6 për 15 minuta, më pas uleni temperaturën e furrës në 180°C/350°F/shenja e gazit 4 për 45 minuta të tjera derisa të marrë ngjyrë të artë dhe të zbrazët kur trokitur në bazë. Ngroheni mjaltin dhe lyeni me furçë majat e bukëve të ngrohta.

Simite banjoje

Bën 12 simite

500 g/1 paund/4 filxhanë miell të fortë (bukë).

25 g/1 oz maja e freskët ose 40 ml/2½ lugë maja e thatë

150 ml/¼ pt/2/3 filxhan qumësht të ngrohtë

75 g/3 oz/1/3 filxhan sheqer (shumë i hollë).

150 ml/¼ pt/2/3 filxhan ujë të ngrohtë

5 ml/1 lugë kripë

50 g/2 oz/¼ filxhan gjalpë ose margarinë

2 vezë, të rrahura

175 g/6 oz/1 filxhan sulltane (rrush të thatë)

50 g/2 oz/1/3 filxhan lëvozhgë të përzier të copëtuar

Vezë e rrahur për lustrim

Ruajtja e sheqerit të grimcuar për spërkatje

Vendosni një të katërtën e miellit në një tas dhe bëni një pus në qendër. Përzieni majanë me gjysmën e qumështit dhe 5 ml/1 lugë sheqer dhe hidheni në pus. Shtoni lëngun e mbetur. Përziejini së bashku dhe lëreni në një vend të ngrohtë për 35 minuta derisa të bëhet shkumë. Vendosni miellin e mbetur në një tas me kripë. Përzieni sheqerin e mbetur, më pas lyeni me gjalpë ose margarinë derisa përzierja të ngjajë me thërrimet e bukës. Hidhni në të masën e majave dhe vezët dhe rrihni mirë. Hidhni sulltanet dhe lëvozhgën e përzier. Mbulojeni me film ngjitës të lyer me vaj (mbështjellës plastik) dhe lëreni në një vend të ngrohtë derisa të dyfishohet në madhësi.

Ziejeni mirë brumin dhe ndajeni në 12 pjesë. Formoni në formë të rrumbullakët dhe vendoseni në një tepsi të lyer me yndyrë (cookie). Mbulojeni me film të lyer me vaj dhe lëreni në një vend të ngrohtë për 15 minuta. Lyejeni me vezë të rrahur dhe spërkatni me sheqer të grimcuar. E pjekim në furrë të parangrohur në 200°C/400°F/gaz 6 për 15–20 minuta derisa të marrin ngjyrë të artë.

Bukë me qershi dhe mjaltë

Bën një bukë 900 g/2 paund

175 g/6 oz/¾ filxhan gjalpë ose margarinë, i zbutur

75 g/3 oz/1/3 filxhan sheqer kaf të butë

60 ml/4 lugë mjaltë të pastër

2 vezë, të rrahura

100 g/4 oz/2 gota miell integral (gruri integrale).

10 ml/2 lugë lugë pluhur pjekjeje

100 g/4 oz/½ filxhan qershi (të sheqerosura), të copëtuara

45 ml/3 lugë qumësht

Kremi së bashku gjalpin ose margarinën, sheqerin dhe mjaltin derisa të bëhen të lehta dhe me gëzof. Përziejini gradualisht vezët, duke i rrahur mirë pas çdo shtimi. Përziejini përbërësit e mbetur për të bërë një përzierje të butë. Hidhni me lugë një tepsi (tavë) të lyer me yndyrë dhe të shtruar me 900 g/2 lb dhe piqini në një furrë të parangrohur në 180°C/350°F/gaz 4 për 1 orë derisa një hell i futur në qendër të dalë i pastër. Shërbejeni të prerë në feta dhe të lyer me gjalpë.

Rolls kanelle dhe arrëmyshk

Bën 24

15 ml/1 lugë maja e thatë

120 ml/4 floz/½ filxhan qumësht, i zier

50 g/2 oz/¼ filxhan sheqer (shumë i hollë).

50 g/2 oz/¼ filxhan sallo (shkurtim)

5 ml/1 lugë kripë

120 ml/4 ml oz/½ filxhan ujë të ngrohtë

2,5 ml/½ lugë arrëmyshk i grirë

1 vezë e rrahur

400 g/14 oz/3½ filxhanë miell të thjeshtë (bukë).

45 ml/3 lugë gjalpë ose margarinë të shkrirë

175 g/6 oz/¾ filxhan sheqer kaf të butë

10 ml/2 lugë çaji kanellë të bluar

75 g/3 oz/½ filxhan rrush të thatë

Shkrihet majaja në qumështin e ngrohtë me një lugë çaji sheqer pluhur dhe lëreni derisa të bëhet shkumë. Përziejini së bashku sheqerin e mbetur, sallin dhe kripën. Hidhni në ujë dhe përzieni derisa të përzihet. Përzieni masën e majave, më pas shtoni gradualisht arrëmyshkun, vezën dhe miellin. Gatuani në një brumë të lëmuar. Vendoseni në një tas të lyer me yndyrë, mbulojeni me film ngjitës të lyer me vaj (mbështjellës plastik) dhe lëreni në një vend të ngrohtë për rreth 1 orë derisa të dyfishohet në masë.

Ndani brumin në gjysmë dhe hapeni në një sipërfaqe të lyer pak me miell në drejtkëndësha me trashësi rreth 5 mm/¼. Lyejeni me gjalpë të shkrirë dhe spërkatni me sheqer kaf, kanellë dhe rrush të thatë. Rrotulloni nga përmasat më të gjata dhe prisni secilën role në 12 feta 1 cm/½ të trasha. Vendosini fetat pak larg njëra-tjetrës në një tepsi të lyer me yndyrë (biskotë) dhe lërini në një vend të ngrohtë për 1 orë. E pjekim në furrë të nxehur më parë në 190°C/375°F/gaz 5 për 20 minuta derisa të vlojë mirë.

Bukë me boronicë

Bën një bukë 450 g/1 paund

225 g/8 oz/2 gota miell të thjeshtë (për të gjitha qëllimet).

2,5 ml/½ lugë e vogël kripë

2,5 ml/½ lugë çaji bikarbonat sode (sode buke)

225 g/8 oz/1 filxhan sheqer (shumë i hollë).

7,5 ml/1½ lugë e vogël pluhur pjekjeje

Lëng dhe lëkurë të grirë të 1 portokalli

1 vezë e rrahur

25 g/1 oz/2 lugë sallo (shkurtim), i shkrirë

100 g/4 oz boronica të freskëta ose të ngrira, të grimcuara

50 g/2 oz/½ filxhan arra, të copëtuara trashë

Përziejini së bashku përbërësit e thatë në një tas të madh. Hidheni lëngun dhe lëkurën e portokallit në një enë matëse dhe mbushni me ujë deri në 175 ml/6 filxhan oz/¾ filxhan. Përziejini përbërësit e thatë me vezën dhe sallin. Përzieni boronicat dhe arrat. Hidhni me lugë në një tepsi (tavë) të lyer me yndyrë 450 g/1 lb dhe piqini në një furrë të nxehur më parë në 160°C/325°F/gaz shenjë 3 për rreth 1 orë derisa një hell i futur në qendër të dalë i pastër. Lëreni të ftohet, më pas mbajeni për 24 orë para prerjes.

Bukë hurme dhe gjalpë

Bën një bukë 900 g/2 paund

Për bukën:

175 g/6 oz/1 filxhan hurma pa gurë, të prera imët

5 ml/1 lugë çaji bikarbonat sodë (sode buke)

250 ml/8 ml oz/1 filxhan ujë të valë

75 g/3 oz/1/3 filxhan gjalpë ose margarinë, të zbutur

225 g/8 oz/1 filxhan sheqer kaf të butë

1 vezë e rrahur lehtë

5 ml/1 lugë esencë vanilje (ekstrakt)

225 g/8 oz/2 gota miell të thjeshtë (për të gjitha qëllimet).

5 ml/1 lugë lugë pluhur pjekjeje

Një majë kripë

Për pjesën e sipërme:

100 g/4 oz/½ filxhan sheqer kaf të butë

50 g/2 oz/¼ filxhan gjalpë ose margarinë

120 ml/4 ml oz/½ filxhan krem i vetëm (i lehtë).

Për të bërë petën, përzieni së bashku hurmat, bikarbonatin e sodës dhe ujin e vluar dhe përzieni mirë, më pas lëreni të ftohen. Kremi së bashku gjalpin ose margarinën dhe sheqerin derisa të zbutet dhe të bëhet me gëzof, më pas rrihni gradualisht thelbin e vezëve dhe vaniljes. Hidhni miellin, pluhurin për pjekje dhe kripën. Hidheni masën me lugë në një tepsi (tavë) të lyer me yndyrë dhe të shtruar me 900 g/2 lb dhe piqeni në një furrë të parangrohur në 180°C/350°F/gaz shenjë 4 për 1 orë derisa një hell i futur në qendër të dalë i pastër.

Për të bërë sipër, shkrini së bashku sheqerin, gjalpin ose margarinën dhe kremin në zjarr të ngadaltë derisa të përzihen, më pas ziejini shumë butësisht për 15 minuta, duke i përzier herë pas here. Hiqeni petën nga tepsi dhe hidheni sipër majës së nxehtë. Lëreni të ftohet.

Bukë hurme dhe banane

Bën një bukë 900 g/2 paund

225 g/8 oz/11/3 filxhanë hurma me gurë (me gurë), të copëtuara

300 ml/½ pt/1¼ filxhan qumësht

5 ml/1 lugë çaji bikarbonat sodë (sode buke)

100 g/4 oz/½ filxhan gjalpë ose margarinë

275 g/10 oz/2½ filxhan miell që ngrihet vetë

2 banane të pjekura, të grira

1 vezë e rrahur

75 g/3 oz/¾ filxhan lajthi, të copëtuara

30 ml/2 lugë mjaltë të pastër

Hidhni hurmat, qumështin dhe sodën bikarbonate në një tigan dhe lërini të vlojnë duke i përzier. Lëreni të ftohet. Fërkoni gjalpin ose margarinën në miell derisa përzierja të ngjajë me thërrimet e bukës. Përzieni bananet, vezën dhe shumicën e lajthive, duke i rezervuar disa për dekorim. Hidhni me lugë një tepsi (tavë) të lyer me yndyrë dhe të shtruar me 900 g/2 lb dhe piqini në një furrë të parangrohur në 180°C/350°F/gaz 4 për 1 orë derisa një hell i futur në qendër të dalë i pastër. Lëreni të ftohet në tepsi për 5 minuta, më pas kulloni dhe hiqni letrën e rreshtimit. Ngroheni mjaltin dhe lyeni me furçë sipër tortës. I spërkasim me arrat e rezervuara dhe i lëmë të ftohen plotësisht.

Bukë hurme dhe portokalli

Bën një bukë 900 g/2 paund

225 g/8 oz/11/3 filxhanë hurma me gurë (me gurë), të copëtuara

120 ml/4 ml oz/½ filxhan ujë

200 g/7 oz/i pakët 1 filxhan sheqer kaf të butë

75 g/3 oz/1/3 filxhan gjalpë ose margarinë

Lëkura e grirë dhe lëngu i 1 portokalli

1 vezë e rrahur lehtë

225 g/8 oz/2 gota miell të thjeshtë (për të gjitha qëllimet).

10 ml/2 lugë lugë pluhur pjekjeje

5 ml/1 lugë çaji kanellë të bluar

Ziejini hurmat në ujë për 15 minuta derisa të bëhen tul. Përzieni sheqerin derisa të tretet. E heqim nga zjarri dhe e lëmë të ftohet pak. Rrihni gjalpin ose margarinën, lëkurën dhe lëngun e portokallit, pastaj vezën. Rrihni miellin, pluhurin për pjekje dhe kanellën. Hidhni me lugë një tepsi (tavë) të lyer me yndyrë dhe të shtruar me 900 g/2 lb dhe piqini në një furrë të parangrohur në 180°C/350°F/gaz 4 për 1 orë derisa një hell i futur në qendër të dalë i pastër.

Bukë me hurma dhe arra

Bën një bukë 900 g/2 paund

250 ml/8 ml oz/1 filxhan ujë të valë

225 g/8 oz/11/3 filxhanë hurma me gurë (me gurë), të copëtuara

10 ml/2 lugë çaji bikarbonat sodë (sode buke)

25 g/1 oz/2 lugë gjelle yndyrë bimore (shkurtim)

225 g/8 oz/1 filxhan sheqer kaf të butë

2 vezë, të rrahura

225 g/8 oz/2 gota miell të thjeshtë (për të gjitha qëllimet).

5 ml/1 lugë kripë

50 g/2 oz/½ filxhan arra arra, të copëtuara

Hidhni ujin e vluar mbi hurmat dhe bikarbonatin e sodës dhe lëreni derisa të vakët. Kremi së bashku yndyrën vegjetale dhe sheqerin derisa të bëhet krem. Rrihni gradualisht vezët. Përziejmë miellin me kripën dhe arrat, më pas e hedhim në masën e kremuar në mënyrë alternative me hurmat dhe lëngun. Hidhni me lugë në një tepsi (tavë) të lyer me yndyrë 900 g/2 lb dhe piqini në një furrë të parangrohur në 180°C/350°F/gaz 4 për 1 orë derisa të jetë e fortë në prekje.

Bukë çaji hurme

Bën një bukë 900 g/2 paund

225 g/8 oz/2 gota miell të thjeshtë (për të gjitha qëllimet).

100 g/4 oz/½ filxhan sheqer kaf të butë

Një majë kripë

5 ml/1 lugë erëz e përzier e bluar (byrek me mollë).

5 ml/1 lugë çaji bikarbonat sodë (sode buke)

50 g/2 oz/¼ filxhan gjalpë ose margarinë, të shkrirë

15 ml/1 lugë gjelle e zezë (melasa)

150 ml/¼ pt/2/3 filxhan çaj të zi

1 vezë e rrahur

75 g/3 oz/½ filxhan hurma me gurë, të copëtuara

Përzieni së bashku miellin, sheqerin, kripën, erëzën dhe bikarbonatin e sodës. Hidhni në të gjalpin, çajin, çajin dhe vezën dhe përzieni mirë derisa të jenë të lëmuara. Përziejini hurmat. Hidheni masën me lugë në një tepsi (tepsi) të lyer me yndyrë dhe të shtruar me 900 g/2 lb dhe piqeni në furrë të parangrohur në 180°C/350°F/gaz shenjën 4 për 45 minuta.

Bukë hurme dhe arre

Bën një bukë 900 g/2 paund

100 g/4 oz/½ filxhan gjalpë ose margarinë

175 g/6 oz/1½ filxhan miell integral (gruri integrale)

50 g/2 oz/½ filxhan miell tërshërë

10 ml/2 lugë lugë pluhur pjekjeje

5 ml/1 lugë erëz e përzier e bluar (byrek me mollë).

2,5 ml/½ lugë e vogël kanellë të bluar

50 g/2 oz/¼ filxhan sheqer kaf të butë

75 g/3 oz/½ filxhan hurma me gurë, të copëtuara

75 g/3 oz/¾ filxhan arra, të copëtuara

2 vezë të rrahura lehtë

30 ml/2 lugë qumësht

Fërkoni gjalpin ose margarinën në miell, pluhur pjekjeje dhe erëza derisa masa të ngjajë me thërrimet e bukës. Hidhni sheqerin, hurmat dhe arrat. Përzieni vezët dhe qumështin për të bërë një brumë të butë. Formoni brumin në një tepsi (tepsi) të lyer me yndyrë 900 g/2 lb dhe rrafshoni sipër. E pjekim në furrë të parangrohur në 160°C/325°F/gaz 3 për 45 minuta derisa të skuqen dhe të marrin ngjyrë të artë.

Bukë fiku

Bën një bukë 450 g/1 paund

100 g/4 oz/1½ filxhan drithëra me krunde

100 g/4 oz/½ filxhan sheqer kaf të butë

100 g/4 oz/2/3 filxhan fiq të thatë, të copëtuar

30 ml/2 lugë gjelle e zezë (melasa)

250 ml/8 ml oz/1 filxhan qumësht

100 g/4 oz/1 filxhan miell integral (gruri integrale).

10 ml/2 lugë lugë pluhur pjekjeje

Përziejini drithërat, sheqerin, fiqtë, drithërat dhe qumështin dhe lërini të qëndrojnë për 30 minuta. Hidhni miellin dhe pluhurin për pjekje. Hidhni me lugë në një tepsi (tavë) të lyer me yndyrë 450 g/1 lb dhe piqini në një furrë të parangrohur në 180°C/350°F/gaz shenjë 4 për 45 minuta derisa të forcohet dhe një hell i futur në qendër të dalë i pastër.

Bukë fiku dhe Marsala

Bën një bukë 900 g/2 paund

225 g/8 oz/1 filxhan gjalpë (e ëmbël) pa kripë ose margarinë, e zbutur

225 g/8 oz/1 filxhan sheqer kaf të butë

4 vezë të rrahura lehtë

45 ml/3 lugë gjelle Marsala

5 ml/1 lugë esencë vanilje (ekstrakt)

200 g/7 oz/1¾ filxhan miell të thjeshtë (për të gjitha qëllimet).

Një majë kripë

50 g/2 oz/1/3 filxhan kajsi të thata të gatshme për t'u ngrënë, të copëtuara

50 g/2 oz/1/3 filxhan hurma me gurë, të copëtuara

50 g/2 oz/1/3 filxhan fiq të thatë, të copëtuar

50 g/2 oz/½ filxhan arra të përziera të copëtuara

Kremi së bashku gjalpin ose margarinën dhe sheqerin derisa të jenë të lehta dhe me gëzof. Shtoni gradualisht vezët, më pas thelbin Marsala dhe vanilje. Përzieni miellin dhe kripën me frutat dhe arrat, më pas futeni në masë dhe përzieni mirë. Hidhni me lugë një tepsi (tepsi) të lyer me yndyrë dhe miell 900 g/2 lb dhe piqini në një furrë të parangrohur në 180°C/350°F/mark 4 për gaz për 1 orë. Lëreni të ftohet në tepsi për 10 minuta, më pas vendoseni në një raft teli për të përfunduar ftohjen.

Rrotulla mjalti dhe fiku

Bën 12

25 g/1 oz maja e freskët ose 40 ml/2½ lugë maja e thatë

75 g/3 oz/¼ filxhan mjaltë të pastër

300 ml/½ pt/1¼ filxhan ujë të ngrohtë

100 g/4 oz/2/3 filxhan fiq të thatë, të copëtuar

15 ml/1 lugë ekstrakt malti

450 g/1 lb/4 filxhanë miell integral (grurë integrale).

15 ml/1 lugë qumësht pluhur (qumësht i thatë pa yndyrë)

5 ml/1 lugë kripë

2,5 ml/½ lugë arrëmyshk i grirë

40 g/1½ oz/2½ lugë gjelle gjalpë ose margarinë

Lëkura e grirë e 1 portokalli

1 vezë e rrahur

15 ml/1 lugë fara susami

Përzieni majanë me 5 ml/1 lugë mjaltë dhe pak ujë të ngrohtë dhe lëreni në një vend të ngrohtë derisa të bëhet shkumë. Përzieni ujin e ngrohtë të mbetur me fiqtë, ekstraktin e maltit dhe mjaltin e mbetur dhe lëreni të njomet. Përziejini së bashku miellin, qumështin pluhur, kripën dhe arrëmyshkun, më pas lyeni me gjalpin ose margarinën dhe përzieni lëkurën e portokallit. Hapni një pus në qendër dhe hidhni masën e majave dhe përzierjen e fikut. Përziejini në një brumë të butë dhe gatuajeni derisa të mos ngjitet më. Vendoseni në një tas të lyer me vaj, mbulojeni me film ngjitës të lyer me vaj (mbështjellës plastik) dhe lëreni në një vend të ngrohtë për 1 orë derisa të dyfishohet në madhësi.

Ziejini lehtë, më pas formoni 12 role dhe rregulloni në një tepsi të lyer me yndyrë (biskota). Mbulojeni me film të lyer me vaj dhe lëreni në një vend të ngrohtë për 20 minuta. Lyejeni me vezë të rrahur dhe spërkatni me farat e susamit. Piqni në furrë të parangrohur në 230°C/450°F/gaz 8 për 15 minuta derisa të marrin ngjyrë kafe të artë dhe të tingëllojë boshe kur trokitni mbi bazën.

Simite Kryqi Nxehte

Bën 12

Për tufat:

450 g/1 lb/4 gota miell të fortë (bukë).

15 ml/1 lugë maja e thatë

Një majë kripë

5 ml/1 lugë erëz e përzier e bluar (byrek me mollë).

50 g/2 oz/¼ filxhan sheqer (shumë i hollë).

100 g/4 oz/2/3 filxhan rrush pa fara

25 g/1 oz/3 lugë gjelle lëvozhgë të përzier (të sheqerosur) të copëtuar

1 vezë e rrahur

250 ml/8 ml oz/1 filxhan qumësht

50 g/2 oz/¼ filxhan gjalpë ose margarinë, të shkrirë

Për kryqet:

25 g/1 oz/¼ filxhan miell të thjeshtë (për të gjitha qëllimet).

15 ml/1 lugë gjelle ujë

Pak vezë të rrahur

Për glazurën:

50 g/2 oz/¼ filxhan sheqer (shumë i hollë).

150 ml/¼ pt/2/3 filxhan ujë

Për të bërë simite, përzieni së bashku përbërësit e thatë, rrush pa fara dhe lëvozhgën e përzier. Hidhni vezën, qumështin dhe gjalpin e shkrirë dhe përzieni në një brumë të fortë që largohet nga anët e tasit. Kaloni në një sipërfaqe të lyer pak me miell dhe gatuajeni për 5 minuta derisa të jenë të lëmuara dhe elastike. Ndani në 12 dhe rrotulloni në topa. Vendoseni mirë në një tepsi të lyer me yndyrë (biskotë), mbulojeni me film ngjitës të lyer me vaj (mbështjellës plastik) dhe lëreni në një vend të ngrohtë për rreth 45 minuta derisa të dyfishohet në madhësi.

Hidhni miellin për kryq në një tas të vogël dhe gradualisht përzieni me ujë aq sa të bëhet një brumë. Rrotulloni në një fije floku të gjatë. Lyejeni majat e simiteve me vezë të rrahur, më pas shtypni butësisht një kryq brumi të prerë nga fija e gjatë në secilën prej tyre. E pjekim në furrë të parangrohur në 220°C/425°F/gaz 7 për 20 minuta derisa të marrin ngjyrë kafe të artë.

Për të bërë glazurën, tretni sheqerin në ujë dhe më pas zieni derisa të bëhet shurup. I lyejmë tufat e nxehta me furçë dhe më pas i kalojmë në një raft teli për tu ftohur.

Bukë kumbulle Lincolnshire

Bën tre bukë 450 g/1 paund

15 g/½ oz maja e freskët ose 20 ml/4 lugë maja e thatë

45 ml/3 lugë gjelle sheqer kaf të butë

200 ml/7 ml oz/i pakët 1 filxhan qumësht të ngrohtë

100 g/4 oz/½ filxhan gjalpë ose margarinë

450 g/1 paund/4 gota miell të thjeshtë (për të gjitha qëllimet).

10 ml/2 lugë lugë pluhur pjekjeje

Një majë kripë

1 vezë e rrahur

450 g/1 paund/22/3 gota fruta të përziera të thata (përzierje për kek frutash)

Përzieni majanë me 5 ml/1 lugë sheqer dhe pak qumësht të ngrohtë dhe lëreni në një vend të ngrohtë për 20 minuta derisa të bëhet shkumë. Fërkoni gjalpin ose margarinën në miell, pluhur pjekjeje dhe kripë derisa masa të ngjajë me thërrimet e bukës. Hidhni sheqerin e mbetur dhe bëni një pus në qendër. Përzieni përzierjen e majave, qumështin e mbetur të ngrohtë dhe vezën, më pas punojini frutat për të bërë një brumë mjaft të fortë. Formoni në tre formate (tava) të lyer me yndyrë 450 g/1 lb dhe piqini në furrë të parangrohur në 150°C/300°F/gaz 2 për 2 orë derisa të marrin ngjyrë kafe të artë.

Simite londineze

Bën 10

50 g/2 oz maja e freskët ose 30 ml/2 lugë maja e thatë

75 g/3 oz/1/3 filxhan sheqer kaf të butë

300 ml/½ pt/1¼ filxhan ujë të ngrohtë

175 g/6 oz/1 filxhan rrush pa fara

25 g/1 ons/3 lugë gjelle hurma të copëtuara me gurë

25 g/1 oz/3 lugë gjelle lëvozhgë të përzier (të sheqerosur) të copëtuar

25 g/1 oz/2 lugë gjelle qershi të copëtuara (të sheqerosura)

45 ml/3 lugë gjelle lëng portokalli

450 g/1 lb/4 filxhanë miell integral (grurë integrale).

2,5 ml/½ lugë e vogël kripë

25 g/1 oz/¼ filxhan qumësht pluhur (qumësht i thatë pa yndyrë)

15 ml/1 lugë erëz e përzier e bluar (byrek me mollë).

5 ml/1 lugë çaji kanellë të bluar

75 g/3 oz/1/3 filxhan gjalpë ose margarinë

15 ml/1 lugë gjelle lëkurë e grirë portokalli

1 vezë

15 ml/1 lugë mjaltë i pastër

30 ml/2 lugë gjelle bajame të grira (të grira).

Përzieni majanë me pak sheqer dhe pak ujin e ngrohtë dhe lëreni në një vend të ngrohtë për 20 minuta derisa të bëhet shkumë. Thithni rrush pa fara, hurmat, lëvozhgën e përzier dhe qershitë në lëngun e portokallit. Përziejini së bashku miellin, kripën, qumështin pluhur dhe erëzat. Lyejeni me gjalpë ose margarinë, më pas përzieni lëkurën e portokallit dhe bëni një pus në qendër. Shtoni masën e majave, ujin e mbetur të ngrohtë dhe vezën dhe përzieni në një brumë të butë. Vendoseni në një tas të lyer me vaj, mbulojeni me film ngjitës (mbështjellës plastik) dhe lëreni në një vend të ngrohtë për 1 orë derisa të dyfishohet në madhësi.

Formoni brumin në 10 role dhe rregulloni në një tepsi të lyer me yndyrë (biskota). Mbulojeni me film të lyer me vaj dhe lëreni në një vend të ngrohtë për 45 minuta. E pjekim në furrë të nxehur më parë në 230°C/450°F/gaz 8 për 15 minuta derisa të vlojë mirë. Lyejeni me mjaltë, spërkatni me bajame dhe lëreni të ftohet.

Bukë irlandeze e vendit

Bën një bukë 900 g/2 paund

350 g/12 oz/3 gota miell integral (gruri integrale).

100 g/4 oz/1 filxhan bollgur

100 g/4 oz/2/3 filxhan sulltane (rrush të thatë)

15 ml/1 lugë gjelle pluhur për pjekje

15 ml/1 lugë gjelle sheqer (superfine).

5 ml/1 lugë çaji bikarbonat sodë (sode buke)

5 ml/1 lugë kripë

10 ml/2 lugë erëz e përzier e bluar (byrek me mollë).

Lëkura e grirë e ½ limoni

1 vezë e rrahur

300 ml/½ pt/1¼ filxhan dhallë ose kos të thjeshtë

150 ml/¼ pt/2/3 filxhan ujë

Përziejini së bashku të gjithë përbërësit e thatë dhe lëkurën e limonit dhe bëni një pus në qendër. Rrihni së bashku vezën, dhallën ose kosin dhe ujin. I përziejmë në përbërësit e thatë dhe e përziejmë në një brumë të butë. Gatuani në një sipërfaqe të lyer pak me miell, më pas formoni një tepsi (tepsi) të lyer me yndyrë 900 g/2 lb. E pjekim në furrë të parangrohur në 200°C/400°F/gaz 6 për 1 orë derisa të skuqet mirë dhe të forcohet në prekje.

Bukë malti

Bën një bukë 450 g/1 paund

25 g/1 oz/2 lugë gjelle gjalpë ose margarinë

225 g/8 oz/2 gota miell që ngrihet vetë

25 g/1 oz/2 lugë gjelle sheqer kaf të butë

30 ml/2 lugë gjelle e zezë (melasa)

20 ml/4 lugë ekstrakt malti

150 ml/¼ pt/2/3 filxhan qumësht

75 g/3 oz/½ filxhan sulltane (rrush të thatë)

15 ml/1 lugë gjelle sheqer (superfine).

30 ml/2 lugë gjelle ujë

Fërkoni gjalpin ose margarinën në miell, më pas përzieni sheqerin kaf. Ngrohni bukën, ekstraktin e maltit dhe qumështin, më pas përzieni në përbërësit e thatë me sulltanat dhe përziejini në një brumë. Kthejeni në një tepsi (tavë) të lyer me yndyrë 450 g/1 lb dhe piqini në furrë të parangrohur në 160°C/325°F/gaz 3 për 1 orë derisa të marrin ngjyrë të artë. Sheqerin dhe ujin e vëmë në valë dhe i ziejmë derisa të bëhet shurup. E lyejmë me furçë sipër bukës dhe e lëmë të ftohet.

Bukë malti me krunde

Bën një bukë 450 g/1 paund

100 g/4 oz/½ filxhan sheqer kaf të butë

225 g/8 oz/1 1/3 gota fruta të përziera të thata (përzierje për kek frutash)

75 g/3 oz drithëra me krunde

250 ml/8 ml oz/1 filxhan qumësht

5 ml/1 lugë erëz e përzier e bluar (byrek me mollë).

100 g/4 oz/1 filxhan miell që ngrihet vetë

Përzieni së bashku sheqerin, frutat, të gjitha krundet, qumështin dhe erëzat dhe lërini të zhyten për 1 orë. Hidhni miellin dhe përzieni mirë. Hidhni me lugë në një tepsi (tavë) të lyer me yndyrë dhe të shtruar me 450 g/1 lb dhe piqini në një furrë të parangrohur në 180°C/350°F/gaz 4 për 1½ orë derisa të jetë e fortë në prekje.

Bukë me malt integral

Bën një bukë 900 g/2 paund

25 g/1 oz/2 lugë gjelle gjalpë ose margarinë

30 ml/2 lugë gjelle e zezë (melasa)

45 ml/3 lugë ekstrakt malti

150 ml/¼ pt/2/3 filxhan qumësht

175 g/6 oz/1½ filxhan miell integral (gruri integrale)

75 g/3 oz/¾ filxhan miell tërshërë

10 ml/2 lugë lugë pluhur pjekjeje

100 g/4 oz/2/3 filxhan rrush të thatë

Shkrini gjalpin ose margarinën, ekstraktin e maltit dhe qumështin. Hidhni në miell, pluhur për pjekje dhe rrush të thatë dhe përzieni në një brumë të butë. Hidhni me lugë në një tepsi (tepsi) të lyer me yndyrë 900 g/2 lb dhe rrafshoni sipërfaqen. E pjekim në furrë të parangrohur në 200°C/400°F/gaz 6 për 45 minuta derisa një hell i futur në qendër të dalë i pastër.

Buka e arrave të Fredës

Bën tre bukë 350 g/12 oz

25 g/1 oz maja e freskët ose 40 ml/2½ lugë maja e thatë

10 ml/2 lugë ekstrakt malti

375 ml/13 floz/1½ filxhan ujë të ngrohtë

450 g/1 lb/4 filxhanë miell integral (grurë integrale).

5 ml/1 lugë çaji miell soje

50 g/2 oz/½ filxhan tërshërë të mbështjellë

2,5 ml/½ lugë e vogël kripë

25 g/1 oz/2 lugë gjelle sheqer kaf të butë

15 ml/1 lugë sallo (shkurtim)

100 g/4 oz/1 filxhan arra të përziera të copëtuara

175 g/6 oz/1 filxhan rrush pa fara

50 g/2 oz/1/3 filxhan hurma me gurë, të copëtuara

50 g/2 oz/1/3 filxhan rrush të thatë

2,5 ml/½ lugë e vogël kanellë të bluar

1 vezë e rrahur

45 ml/3 lugë bajame të grira (të grira).

Përzieni majanë me ekstraktin e maltit dhe pak nga uji i ngrohtë dhe lëreni në një vend të ngrohtë derisa të bëhet shkumë. Përziejini së bashku miellin, tërshërën, kripën dhe sheqerin, fërkoni me sallonë dhe bëni një pus në qendër. Përzieni përzierjen e majave dhe ujin e mbetur të ngrohtë dhe gatuajeni në një brumë të butë. Përzieni arrat, rrush pa fara, hurmat, rrushin e thatë dhe kanellën. Ziejini derisa të bëhen elastike dhe të mos ngjiten më. E vendosim brumin në një tas të lyer me vaj dhe e mbulojmë me film ngjitës të lyer me vaj (mbështjellës plastik). Lëreni në një vend të ngrohtë për 1 orë derisa të dyfishohet në masë.

Ziejmë brumin lehtë, më pas e formësojmë në tre rrumbullakët dhe e rrafshojmë pak, më pas e vendosim në një tepsi të lyer me yndyrë (cookie). Lyejmë majat me vezë të rrahur dhe spërkasim me bajame. Piqeni në furrë të parangrohur në 230°C/450°F/gaz 8 për 35 minuta derisa të ngjallet mirë dhe të ketë tingull të zbrazët kur trokitni mbi bazën.

Bukë braziliane me arra dhe hurma

Bën tre bukë 350 g/12 oz

25 g/1 oz maja e freskët ose 40 ml/2½ lugë maja e thatë

10 ml/2 lugë ekstrakt malti

375 ml/13 floz/1½ filxhan ujë të ngrohtë

450 g/1 lb/4 filxhanë miell integral (grurë integrale).

5 ml/1 lugë çaji miell soje

50 g/2 oz/½ filxhan tërshërë të mbështjellë

2,5 ml/½ lugë e vogël kripë

25 g/1 oz/2 lugë gjelle sheqer kaf të butë

15 ml/1 lugë sallo (shkurtim)

100 g/4 oz/1 filxhan arra braziliane, të copëtuara

250 g/9 oz/1½ filxhan hurma me gurë, të copëtuara

2,5 ml/½ lugë e vogël kanellë të bluar

1 vezë e rrahur

45 ml/3 lugë gjelle arra braziliane të prera në feta

Përzieni majanë me ekstraktin e maltit dhe pak nga uji i ngrohtë dhe lëreni në një vend të ngrohtë derisa të bëhet shkumë. Përziejini së bashku miellin, tërshërën, kripën dhe sheqerin, fërkoni me sallonë dhe bëni një pus në qendër. Përzieni përzierjen e majave dhe ujin e mbetur të ngrohtë dhe gatuajeni në një brumë të butë. Përzieni arrat, hurmat dhe kanellën. Ziejini derisa të bëhen elastike dhe të mos ngjiten më. E vendosim brumin në një tas të lyer me vaj dhe e mbulojmë me film ngjitës të lyer me vaj (mbështjellës plastik). Lëreni në një vend të ngrohtë për 1 orë derisa të dyfishohet në masë.

Ziejeni brumin lehtë, formoni në tre rrumbullakët dhe rrafshoni pak, më pas vendoseni në një tepsi të lyer me yndyrë (cookie). Lyejeni majat me vezë të rrahur dhe spërkatini me arra braziliane të prera në feta. Piqeni në furrë të parangrohur në 230°C/450°F/gaz 8 për 35 minuta derisa të ngjallet mirë dhe të ketë tingull të zbrazët kur trokitni mbi bazën.

Bukë me fruta Panastan

Bën tre bukë 175 g/12 oz

25 g/1 oz maja e freskët ose 40 ml/2½ lugë maja e thatë

150 ml/¼ pt/2/3 filxhan ujë të ngrohtë

60 ml/4 lugë mjaltë të pastër

5 ml/1 lugë ekstrakt malti

15 ml/1 lugë fara luledielli

15 ml/1 lugë fara susami

25 g/1 oz/¼ filxhan embrion gruri

450 g/1 lb/4 filxhanë miell integral (grurë integrale).

5 ml/1 lugë kripë

50 g/2 oz/¼ filxhan gjalpë ose margarinë

175 g/6 oz/1 filxhan sulltane (rrush të thatë)

25 g/1 oz/3 lugë gjelle lëvozhgë të përzier (të sheqerosur) të copëtuar

1 vezë e rrahur

Përzieni majanë me pak ujë të ngrohtë dhe 5 ml/1 lugë mjaltë dhe lëreni në një vend të ngrohtë për 20 minuta derisa të bëhet shkumë. Përzieni mjaltin e mbetur dhe ekstraktin e maltit në ujin e mbetur të ngrohtë. Në një tigan të thatë, skuqni farat e luledillit dhe susamit dhe mikrobet e gruri, duke i tundur deri në kafe të artë. Vendoseni në një tas me miellin dhe kripën dhe lyeni me gjalpë ose margarinë. Hidhni sulltanet dhe lëvozhgën e përzier dhe bëni një pus në qendër. Shtoni përzierjen e majave, përzierjen e ujit dhe vezën dhe përzieni në një brumë të butë. Vendoseni në një tas të lyer me vaj, mbulojeni me film ngjitës të lyer me vaj (mbështjellës plastik) dhe lëreni në një vend të ngrohtë për 1 orë derisa të dyfishohet në madhësi.

Ziejini lehtë, më pas formoni tre petë dhe vendosini në një tepsi të lyer me yndyrë (biskota) ose në tepsi (tepsi) të lyer me yndyrë. Mbulojeni me film të lyer me vaj dhe lëreni në një vend të ngrohtë për 20 minuta. Piqeni në furrë të parangrohur në 230°C/450°F/gaz 8 për 40 minuta derisa të marrin ngjyrë kafe të artë dhe të tingëllojë boshe kur trokitni mbi bazën.

Bukë kungull

Bën dy bukë 450 g/1 paund

350 g/12 oz/1½ filxhan sheqer (shumë i hollë).

120 ml/4 ml oz/½ filxhan vaj

2,5 ml/½ lugë arrëmyshk i grirë

5 ml/1 lugë çaji kanellë të bluar

5 ml/1 lugë kripë

2 vezë, të rrahura

225 g/8 oz/1 filxhan kungull të gatuar, të grirë

60 ml/4 lugë gjelle ujë

2,5 ml/½ lugë çaji bikarbonat sode (sode buke)

1,5 ml/¼ lugë e vogël pluhur pjekjeje

175 g/6 oz/1½ filxhan miell të thjeshtë (për të gjitha qëllimet).

Përziejmë së bashku sheqerin, vajin, arrëmyshkun, kanellën, kripën dhe vezët dhe i rrahim mirë. Përziejini përbërësit e mbetur dhe përzieni në një brumë të butë. Hidheni në dy tepsi (tava) të lyer me yndyrë 450 g/1 lb dhe piqini në furrë të parangrohur në 180°C/350°F/gaz 4 për 1 orë derisa një hell i futur në qendër të dalë i pastër.

Bukë me rrush të thatë

Bën dy bukë 450 g/1 paund

15 ml/1 lugë maja e thatë

120 ml/4 ml oz/½ filxhan ujë të ngrohtë

250 ml/8 ml oz/1 filxhan qumësht të ngrohtë

60 ml/4 lugë gjelle vaj

50 g/2 oz/¼ filxhan sheqer

1 vezë e rrahur

10 ml/2 lugë çaji kanellë të bluar

5 ml/1 lugë kripë

225 g/8 oz/11/3 filxhan rrush të thatë, të njomur në ujë të ftohtë gjatë natës

550 g/1¼ paund/5 filxhanë miell të thjeshtë (bukë).

Majanë e tretim në ujin e ngrohtë dhe e lëmë derisa të bëhet shkumë. Përziejini së bashku qumështin, vajin, sheqerin, vezën, kanellën dhe kripën. Kulloni rrushin e thatë dhe i përzieni në masë. Përzieni përzierjen e majave. Gradualisht punohet në miell dhe përzihet në një brumë të fortë. Vendoseni në një tas të lyer me yndyrë dhe mbulojeni me film ngjitës të lyer me vaj (mbështjellës plastik). Lëreni në një vend të ngrohtë për rreth 1 orë që të rritet derisa të dyfishohet në masë.

Ziejeni përsëri dhe formoni dy tepsi (tepsi) të lyer me yndyrë 450 g/1 lb. Mbulojeni me film të lyer me vaj dhe lëreni përsëri në një vend të ngrohtë derisa brumi të ngrihet mbi majën e kallëpeve. E pjekim në furrë të parangrohur në 150°C/300°F/gaz 2 për 1 orë derisa të marrin ngjyrë të artë.

Thith me rrush të thatë

Bën dy bukë 450 g/l lb

450 g/1 paund/4 gota miell të thjeshtë (për të gjitha qëllimet).

2,5 ml/½ lugë e vogël kripë

5 ml/1 lugë erëz e përzier e bluar (byrek me mollë).

225 g/8 oz/11/3 filxhan rrush të thatë, të copëtuar

10 ml/2 lugë çaji bikarbonat sodë (sode buke)

100 g/4 oz/½ filxhan gjalpë ose margarinë, të shkrirë

225 g/8 oz/1 filxhan sheqer (shumë i hollë).

450 ml/¾ pt/2 gota qumësht

15 ml/1 lugë gjelle lëng limoni

30 ml/2 lugë gjelle reçel kajsie (ruajtur), i situr (i kulluar)

Përzieni së bashku miellin, kripën, erëzën e përzier dhe rrushin e thatë. Përzieni bikarbonatin e sodës në gjalpin e shkrirë derisa të përzihet, më pas përzieni të gjithë përbërësit derisa të përzihen mirë. Mbulojeni dhe lëreni të qëndrojë gjatë gjithë natës.

Hidheni masën me lugë në dy tepsi (tepsi) të lyer me yndyrë dhe të rreshtuar 450 g/1 lb dhe piqeni në një furrë të parangrohur në 180°C/350°F/gaz 4 për 1 orë derisa një hell i futur në qendër të dalë i pastër.

Bukë me raven dhe hurma

Bën një bukë 900 g/2 paund

225 g/8 oz raven, i copëtuar

50 g/2 oz/¼ filxhan gjalpë ose margarinë

225 g/8 oz/2 gota miell të thjeshtë (për të gjitha qëllimet).

15 ml/1 lugë gjelle pluhur për pjekje

175 g/6 oz/1 filxhan hurma, me gurë (me gurë) dhe të prera imët

1 vezë e rrahur

60 ml/4 lugë qumësht

Lani raven dhe gatuajeni butësisht vetëm në ujin e ngjitur pas copave derisa të keni një pure. Fërkoni gjalpin ose margarinën në miell dhe pluhur pjekjeje derisa përzierja të ngjajë me thërrimet e bukës. Përziejini me raven, hurmat, vezën dhe qumështin dhe përziejini mirë. Hidhni me lugë në një tepsi (tepsi) të lyer me yndyrë dhe të shtruar me 900 g/2 lb dhe piqini në një furrë të parangrohur në 190°C/375°F/shenja e gazit 5 për 1 orë derisa të jetë e fortë në prekje.

Bukë orizi

Bën një bukë 900 g/2 paund

75 g/3 oz/1/3 filxhan arborio ose oriz tjetër me kokërr mesatare

500 ml/17 ml oz/2½ filxhanë ujë të vakët

15 g/½ oz maja e freskët ose 20 ml/4 lugë maja e thatë

30 ml/2 lugë gjelle ujë të ngrohtë

550 g/1½ lb/6 filxhanë miell të thjeshtë (bukë).

15 ml/1 lugë gjelle kripë

Vendosni orizin dhe gjysmën e ujit të vakët në një tigan, lëreni të vlojë, mbulojeni dhe ziejini shumë lehtë për rreth 25 minuta derisa orizi të thithë të gjithë lëngun dhe në sipërfaqe të shfaqen vrima flluskash.

Ndërkohë përziejmë majanë me ujin e ngrohtë. Kur orizi të jetë zier, përzieni miellin, kripën, majanë dhe ujin e vakët të mbetur dhe përzieni në një brumë të lagësht. Mbulojeni me film ngjitës të lyer me vaj (mbështjellës plastik) dhe lëreni në një vend të ngrohtë për rreth 1 orë derisa të dyfishohet në masë.

Ziejeni brumin në një sipërfaqe të lyer me miell, më pas formoni një tepsi (tepsi) të lyer me yndyrë 900 g/2 lb. Mbulojeni me film të lyer me vaj dhe lëreni në një vend të ngrohtë derisa brumi të ngrihet mbi pjesën e sipërme të tepsisë. Piqni në furrë të parangrohur në 230°C/450°F/shënjimin e gazit 8 për 15 minuta, më pas ulni temperaturën e furrës në 200°C/400°F/shënjimin e gazit 6 dhe piqini edhe për 15 minuta të tjera. Nxirreni nga tepsia dhe kthejeni në furrë për 15 minuta të tjera derisa të bëhet e freskët dhe kafe.

Bukë çaji me oriz dhe arra

Bën dy bukë 900 g/2 lb

100 g/4 oz/½ filxhan oriz me kokërr të gjatë

300 ml/½ pt/1¼ filxhan lëng portokalli

400 g/14 oz/1¾ filxhan sheqer pluhur (tepër i imët).

2 vezë, të rrahura

50 g/2 oz/¼ filxhan gjalpë ose margarinë, të shkrirë

Lëkura e grirë dhe lëngu i 1 portokalli

225 g/8 oz/2 gota miell të thjeshtë (për të gjitha qëllimet).

175 g/6 oz/1½ filxhan miell integral (gruri integrale)

10 ml/2 lugë lugë pluhur pjekjeje

5 ml/1 lugë çaji bikarbonat sodë (sode buke)

5 ml/1 lugë kripë

50 g/2 oz/½ filxhan arra, të copëtuara

50 g/2 oz/1/3 filxhan sulltane (rrush të thatë)

50 g/2 oz/1/3 filxhan sheqer pluhur (të ëmbëlsirave), i situr

Gatuani orizin në ujë të bollshëm me kripë të vluar për rreth 15 minuta derisa të zbutet, më pas kullojeni, shpëlajeni në ujë të ftohtë dhe kullojeni përsëri. Përziejini së bashku lëngun e portokallit, sheqerin, vezët, gjalpin e shkrirë ose margarinën dhe të gjitha, përveç 2,5 ml/½ lugë e vogël të lëkurës së portokallit – rezervoni pjesën tjetër dhe lëngun për kremin (bricën). Përziejini së bashku miellrat, pluhurin për pjekje, bikarbonatin e sodës dhe kripën dhe vendosini në masën e sheqerit. Palosni orizin, arrat dhe sulltanat. Hidheni masën me lugë në dy tava (tepsi) të lyer me yndyrë 900 g/2 lb dhe piqeni në një furrë të parangrohur në 180°C/350°F/gaz shenjë 4 për 1 orë derisa një hell i futur në qendër të dalë i pastër. Lëreni të ftohet në kallëpe për 10 minuta, më pas vendoseni në një raft teli për të përfunduar ftohjen.

Përzieni pluhurin e sheqerit me lëkurën e rezervuar të portokallit dhe lëngun e mjaftueshëm për të bërë një pastë të butë dhe të trashë. Hidhni mbi bukë dhe lërini të qëndrojnë. Shërbejeni të prerë në feta dhe të lyer me gjalpë.

Rrotulla me sheqer kaçurrelë

Bën rreth 10

50 g/2 oz maja e freskët ose 75 ml/5 lugë maja e thatë

75 g/3 oz/1/3 filxhan sheqer kaf të butë

300 ml/½ pt/1¼ filxhan ujë të ngrohtë

175 g/6 oz/1 filxhan rrush pa fara

25 g/1 oz/3 lugë hurma me gurë, të copëtuara

45 ml/3 lugë gjelle lëng portokalli

450 g/1 lb/4 filxhanë miell integral (grurë integrale).

2,5 ml/½ lugë e vogël kripë

25 g/1 oz/¼ filxhan qumësht pluhur (qumësht i thatë pa yndyrë)

15 ml/1 lugë erëz e përzier e bluar (byrek me mollë).

75 g/3 oz/1/3 filxhan gjalpë ose margarinë

15 ml/1 lugë gjelle lëkurë e grirë portokalli

1 vezë

Për mbushjen:

30 ml/2 lugë gjelle vaj

75 g/3 oz/1/3 filxhan sheqer demerara

Për glazurën:

15 ml/1 lugë mjaltë i pastër

30 ml/2 lugë gjelle arra të grira

Përzieni majanë me pak sheqer kaf të butë dhe pak ujë të ngrohtë dhe lëreni në një vend të ngrohtë për 20 minuta derisa të bëhet shkumë. Thithni rrush pa fara dhe hurma në lëngun e portokallit. Përziejini së bashku miellin, kripën, qumështin pluhur dhe erëzën e përzier. Lyejeni me gjalpë ose margarinë, më pas përzieni lëkurën e portokallit dhe bëni një pus në qendër. Shtoni masën e majave, ujin e mbetur të ngrohtë dhe vezën dhe përzieni në një brumë të butë. Vendoseni në një tas të lyer me vaj, mbulojeni me film ngjitës të lyer me vaj (mbështjellës plastik) dhe lëreni në një vend të ngrohtë për 1 orë derisa të dyfishohet në madhësi.

Hapeni brumin në një sipërfaqe të lyer pak me miell në një drejtkëndësh të madh. Lyejeni me vaj dhe spërkatni me sheqer demerara. Rrotulloni si një role zvicerane (pelte) dhe priteni në feta rreth 2,5 cm/1. Vendoseni në një tepsi të lyer me yndyrë (biskotë) me një distancë prej rreth 1 cm/½, mbulojeni me film të lyer me vaj dhe lëreni në një vend të ngrohtë për 40 minuta. E pjekim në furrë të nxehur më parë në 230°C/450°F/gaz 8 për 15 minuta derisa të vlojë mirë. Lyejeni me mjaltë, spërkatni me arra dhe lëreni të ftohet.

Selkirk Bannock

Bën një bukë 450 g/1 paund

Për brumin:

225 g/8 oz/2 gota miell të thjeshtë (për të gjitha qëllimet).

Një majë kripë

50 g/2 oz/¼ filxhan sallo (shkurtim)

150 ml/¼ pt/2/3 filxhan qumësht

15 g/½ oz maja e freskët ose 20 ml/4 lugë maja e thatë

50 g/2 oz/¼ filxhan sheqer (shumë i hollë).

100 g/4 oz/2/3 filxhan sulltane (rrush të thatë)

Për glazurën:

25 g/1 oz/2 lugë gjelle sheqer (superfine).

30 ml/2 lugë gjelle ujë

Për të bërë brumin, përzieni miellin dhe kripën. Shkrihet dhjami i yndyrës, shtoni qumështin dhe vendoseni në gjak. Hidhni mbi majanë dhe përzieni me 5 ml/1 lugë sheqer. Lëreni për rreth 20 minuta derisa të bëhet shkumë. Hapni një pus në qendër të miellit dhe derdhni përzierjen e majave. Gradualisht punohet në miell dhe gatuhet për 5 minuta. Mbulojeni dhe vendoseni në një vend të ngrohtë për 1 orë që të ngrihet. I kalojmë në një sipërfaqe pune të lyer me miell dhe i përpunojmë sulltanet dhe sheqerin e mbetur. Formoni në një formë të madhe dhe vendoseni në një tepsi të lyer me yndyrë (cookie). Mbulojeni me film ngjitës të lyer me vaj (mbështjellës plastik) dhe lëreni në një vend të ngrohtë derisa të dyfishohet në madhësi. E pjekim në furrë të parangrohur në 220°C/425°F/gaz 7 për 15 minuta. Uleni temperaturën e furrës në 190°C/375°F/shënjimin e gazit 5 dhe piqni edhe për 25 minuta të tjera. Hiqeni nga furra.

Bukë sulltaneshë dhe karobë

Bën një bukë 900 g/2 paund

150 g/5 oz/1¼ filxhan miell integral (gruri integrale)

15 ml/1 lugë gjelle pluhur për pjekje

25 g/1 oz/¼ filxhan pluhur karob

50 g/2 oz/½ filxhan bollgur

50 g/2 oz/¼ filxhan gjalpë ose margarinë, të zbutur

175 g/6 oz/1 filxhan sulltane (rrush të thatë)

2 vezë, të rrahura

150 ml/¼ pt/2/3 filxhan qumësht

60 ml/4 lugë gjelle vaj

Përziejini së bashku përbërësit e thatë. Lyejeni gjalpin ose margarinën dhe më pas përzieni sulltanet. Rrihni së bashku vezët, qumështin dhe vajin, më pas përzieni në përzierjen e miellit për të bërë një brumë të butë. Formoni në një tepsi (tepsi) të lyer me yndyrë 900 g/2 lb dhe piqeni në një furrë të parangrohur në 180°C/350°F/shenja e gazit 4 për 1 orë derisa të jetë e fortë në prekje.

Bukë sulltaneshë dhe portokalli

Bën dy bukë 450 g/1 paund

Për brumin:

450 g/1 lb/4 filxhanë miell integral (grurë integrale).

20 ml/4 lugë lugë pluhur pjekjeje

75 g/3 oz/1/3 filxhan sheqer kaf të butë

5 ml/1 lugë kripë

2,5 ml/½ lugë gjelle topuz i bluar

75 g/3 oz/1/3 filxhan yndyrë bimore (shkurtim)

3 te bardha veze

300 ml/½ pt/1¼ filxhan qumësht

Për mbushjen:

175 g/6 oz/1½ filxhan thërrime keku me miell integral (grurë integrale)

50 g/2 oz/½ filxhan bajame të bluara

50 g/2 oz/¼ filxhan sheqer kaf të butë

100 g/4 oz/2/3 filxhan sulltane (rrush të thatë)

30 ml/2 lugë gjelle lëng portokalli

1 vezë e rrahur lehtë

Për glazurën:

15 ml/1 lugë mjaltë

Për të bërë brumin, përzieni së bashku përbërësit e thatë dhe lyeni me yndyrë. Përzieni së bashku të bardhat e vezëve dhe qumështin dhe përzieni në masë derisa të keni një brumë të butë dhe të lakueshëm. Kombinoni përbërësit e mbushjes, duke përdorur vetëm aq vezë për të bërë një konsistencë përhapëse. Hapeni brumin në një sipërfaqe të lyer lehtë me miell në një drejtkëndësh 20 x 30 cm/8 x 10. Përhapeni mbushjen mbi të gjithë, përveç majës 2,5 cm/1 përgjatë buzës së gjatë. Rrokullisni nga buza e kundërt, si një rrotull (pelte) zvicerane, dhe lagni shiritin e thjeshtë të brumit për t'u mbyllur. Lagni çdo skaj dhe formoni rrotullën në një rreth, duke i mbyllur skajet së bashku. Me gërshërë të mprehtë, bëni prerje të vogla rreth e qark për zbukurim. Vendoseni në një tepsi të lyer me yndyrë (cookie) dhe lyejeni me vezën e mbetur. Lëreni të pushojë për 15 minuta.

E pjekim në furrë të parangrohur në 230°C/450°F/gaz 8 për 25 minuta derisa të marrin ngjyrë kafe të artë. Lyejeni me mjaltë dhe lëreni të ftohet.

Sulltanesha dhe Buka Sheri

Bën një bukë 900 g/2 paund

225 g/8 oz/1 filxhan gjalpë (e ëmbël) pa kripë ose margarinë, e zbutur

225 g/8 oz/1 filxhan sheqer kaf të butë

4 vezë

45 ml/3 lugë gjelle sheri të ëmbël

5 ml/1 lugë esencë vanilje (ekstrakt)

200 g/7 oz/1¾ filxhan miell të thjeshtë (për të gjitha qëllimet).

Një majë kripë

75 g/3 oz/½ filxhan sulltane (rrush të thatë)

50 g/2 oz/1/3 filxhan hurma me gurë, të copëtuara

50 g/2 oz/1/3 filxhan fiq të thatë, të prerë në kubikë

50 g/2 oz/½ filxhan lëvozhgë të përzier (të ëmbëlsuar) të copëtuar

Kremi së bashku gjalpin ose margarinën dhe sheqerin derisa të jenë të lehta dhe me gëzof. Shtoni gradualisht vezët, më pas sherin dhe thelbin e vaniljes. Përzieni miellin dhe kripën me frutat, më pas futeni në masë dhe përzieni mirë. Hidhni me lugë një tepsi (tepsi) të lyer me yndyrë dhe miell 900 g/2 lb dhe piqini në një furrë të parangrohur në 180°C/350°F/mark 4 për gaz për 1 orë. Lëreni të ftohet në tepsi për 10 minuta, më pas vendoseni në një raft teli për të përfunduar ftohjen.

Bukë çaji vilë

Bën dy bukë 450 g/1 paund

Për brumin:

25 g/1 oz maja e freskët ose 40 ml/2½ lugë maja e thatë

15 ml/1 lugë gjelle sheqer kaf të butë

300 ml/½ pt/1¼ filxhan ujë të ngrohtë

15 ml/1 lugë gjelle gjalpë ose margarinë

450 g/1 lb/4 filxhanë miell integral (grurë integrale).

15 ml/1 lugë qumësht pluhur (qumësht i thatë pa yndyrë)

5 ml/1 lugë erëz e përzier e bluar (byrek me mollë).

2,5 ml/½ lugë e vogël kripë

1 vezë

175 g/6 oz/1 filxhan rrush pa fara

100 g/4 oz/2/3 filxhan sulltane (rrush të thatë)

50 g/2 oz/1/3 filxhan rrush të thatë

50 g/2 oz/1/3 filxhan lëvozhgë të përzier (të ëmbëlsuar) të copëtuar

Për glazurën:

15 ml/1 lugë gjelle lëng limoni

15 ml/1 lugë gjelle ujë

Një majë erëze të përzier të bluar (byrek me mollë).

Për të bërë brumin, përzieni majanë me sheqerin me pak nga uji i ngrohtë dhe lëreni në një vend të ngrohtë për 10 minuta derisa të bëhet shkumë. Fërkoni gjalpin ose margarinën në miell, më pas përzieni qumështin pluhur, erëzën e përzier dhe kripën dhe bëni një pus në qendër. Hidhni vezën, përzierjen e majave dhe ujin e ngrohtë të mbetur dhe përzieni në brumë. Ziejeni derisa të jetë e qetë dhe elastike. Punoni në rrush pa fara, sulltana, rrush të thatë dhe lëvozhgë të përzier. Vendoseni në një enë të lyer me vaj, mbulojeni me film ngjitës të lyer me vaj (mbështjellës plastik) dhe lëreni në vend të ngrohtë për 45 minuta. Formoni në dy tepsi (tepsi) të lyer me yndyrë 450 g/1 lb. Mbulojeni me film të lyer me vaj dhe lëreni në një vend të ngrohtë për 15 minuta. E pjekim në furrë të parangrohur në 220°C/425°F/gaz 7 për 30 minuta derisa të marrin ngjyrë të artë. Hiqeni nga kallaji. Përziejini së bashku përbërësit e glazurës dhe lyeni me furçë petat e nxehta, më pas lërini të ftohen.

Ëmbëlsira çaji

Bën 6

15 g/½ oz maja e freskët ose 20 ml/4 lugë maja e thatë

300 ml/½ pt/1¼ filxhan qumësht të ngrohtë

25 g/1 oz/2 lugë gjelle sheqer (superfine).

25 g/1 oz/2 lugë gjelle gjalpë ose margarinë

450 g/1 paund/4 gota miell të thjeshtë (për të gjitha qëllimet).

5 ml/1 lugë kripë

50 g/2 oz/1/3 filxhan sulltane (rrush të thatë)

Përzieni majanë me qumështin e ngrohtë dhe pak sheqer dhe lëreni në një vend të ngrohtë derisa të bëhet shkumë. Fërkoni gjalpin ose margarinën në miell dhe kripë, më pas përzieni sheqerin e mbetur dhe rrushin e thatë. Përzieni masën e majave dhe përzieni në një brumë të butë. Kaloni në një sipërfaqe të lyer pak me miell dhe gatuajeni derisa të jetë e qetë. Vendoseni në një enë të lyer me vaj, mbulojeni me film ngjitës të lyer me vaj (mbështjellës plastik) dhe lëreni në një vend të ngrohtë derisa të dyfishohet në madhësi. Ziejeni përsëri brumin, më pas ndajeni në gjashtë pjesë dhe rrotulloni secilën në një top. Rrafshoni pak në një tepsi të lyer me yndyrë (biskotë), mbulojeni me film të lyer me vaj dhe lëreni përsëri në një vend të ngrohtë derisa të dyfishohet në madhësi. E pjekim në furrë të parangrohur në 200°C/400°F/gaz 6 për 20 minuta.

Bukë arre

Bën një bukë 900 g/2 paund

350 g/12 oz/3 filxhanë miell të thjeshtë (për të gjitha qëllimet).

15 ml/1 lugë gjelle pluhur për pjekje

225 g/8 oz/1 filxhan sheqer kaf të butë

5 ml/1 lugë kripë

1 vezë e rrahur lehtë

50 g/2 oz/¼ filxhan sallo (shkurtim), i shkrirë

375 ml/13 ml oz/1½ filxhan qumësht

5 ml/1 lugë esencë vanilje (ekstrakt)

175 g/6 oz/1½ filxhan arra, të copëtuara

Përziejini së bashku miellin, pluhurin për pjekje, sheqerin dhe kripën dhe bëni një pus në qendër. Hidhni vezën, yndyrën, qumështin dhe esencën e vaniljes, më pas përzieni arrat. Hidhni me lugë në një tepsi (tepsi) të lyer me yndyrë 900 g/2 lb dhe piqini në një furrë të parangrohur në 180°C/350°F/gaz pikën 4 për rreth 1¼ orë derisa të skuqet mirë dhe të marrë ngjyrë kafe të artë.

Bukë me shtresë arre dhe sheqer

Bën një bukë 900 g/2 paund

Për brumin:

350 g/12 oz/3 filxhanë miell të thjeshtë (për të gjitha qëllimet).

15 ml/1 lugë gjelle pluhur për pjekje

225 g/8 oz/1 filxhan sheqer kaf të butë

5 ml/1 lugë kripë

1 vezë e rrahur lehtë

50 g/2 oz/¼ filxhan sallo (shkurtim), i shkrirë

375 ml/13 ml oz/1½ filxhan qumësht

5 ml/1 lugë esencë vanilje (ekstrakt)

175 g/6 oz/1½ filxhan arra, të copëtuara

Për mbushjen:

15 ml/1 lugë gjelle miell i thjeshtë (për përdorime).

50 g/2 oz/¼ filxhan sheqer kaf të butë

5 ml/1 lugë çaji kanellë të bluar

15 ml/1 lugë gjelle gjalpë, i shkrirë

Për të bërë brumin, përzieni miellin, pluhurin për pjekje, sheqerin dhe kripën dhe bëni një pus në qendër. Hidhni vezën, yndyrën, qumështin dhe esencën e vaniljes, më pas përzieni arrat. Hidhni gjysmën e përzierjes me lugë në një tepsi (tepsi) të lyer me yndyrë 900 g/2 lb. Përziejini së bashku përbërësit e mbushjes dhe hidhni me lugë brumin. Hidhni brumin e mbetur me lugë dhe piqini në furrë të parangrohur në 180°C/350°F/gaz pikën 4 për rreth 1¼ orë derisa të skuqet mirë dhe të marrë ngjyrë kafe të artë.

Bukë arre dhe portokalli

Bën një bukë 900 g/2 paund

350 g/12 oz/3 filxhanë miell të thjeshtë (për të gjitha qëllimet).

15 ml/1 lugë gjelle pluhur për pjekje

225 g/8 oz/1 filxhan sheqer kaf të butë

5 ml/1 lugë kripë

1 vezë e rrahur lehtë

5 ml/1 lugë e vogël lëkure portokalli të grirë

50 g/2 oz/¼ filxhan sallo (shkurtim), i shkrirë

375 ml/13 ml oz/1½ filxhan qumësht

5 ml/1 lugë esencë vanilje (ekstrakt)

175 g/6 oz/1½ filxhan arra, të copëtuara

50 g/2 oz/1/3 filxhan lëvozhgë të përzier (të ëmbëlsuar) të copëtuar

Përziejini së bashku miellin, pluhurin për pjekje, sheqerin dhe kripën dhe bëni një pus në qendër. Hidhni vezën, lëkurën e portokallit, yndyrën, qumështin dhe esencën e vaniljes, më pas hidhni arrat dhe lëvozhgën e përzier. Hidhni me lugë në një tepsi (tepsi) të lyer me yndyrë 900 g/2 lb dhe piqini në një furrë të parangrohur në 180°C/350°F/gaz pikën 4 për rreth 1¼ orë derisa të skuqet mirë dhe të marrë ngjyrë kafe të artë.

Bukë Asparagus

Bën një bukë 900 g/2 paund

50 g/2 oz/¼ filxhan gjalpë ose margarinë

2 qepe, të grira imët

100 g/4 oz bukë integrale, e prerë në kubikë

10 ml/2 lugë majdanoz të freskët të grirë

1,5 ml/¼ lugë e vogël kripë

450 g/1 paund shparg

2 vezë të rrahura lehtë

450 ml/¾ pt/2 gota qumësht të nxehtë

Shkrini gjalpin ose margarinën dhe skuqni (kagoni) qepujt, bukën, majdanozin dhe kripën derisa të skuqen lehtë. E heqim nga zjarri dhe e vendosim në një enë. Pritini skajet e forta nga shpargujt dhe pritini bishtat në gjatësi 2,5 cm/1 dhe shtojini në tas. Përziejini së bashku vezët dhe qumështin, më pas përzieni në përbërësit e mbetur. Hidhni me lugë në një tepsi (tepsi) të lyer me yndyrë 900 g/2 lb dhe shtypeni lehtë. E pjekim në furrë të parangrohur në 190°C/375°F/gaz 5 për 30 minuta derisa të jetë e fortë në prekje.

www.ingramcontent.com/pod-product-compliance
Lightning Source LLC
Chambersburg PA
CBHW071235080526
44587CB00013BA/1630